EXEMPLA 8

Lateinische Texte

Herausgegeben von Hans-Joachim Glücklich

Cornelius Nepos
Hannibal

Bearbeitet von

Hans-Joachim Glücklich

5. völlig neu bearbeitete und veränderte Auflage

Vandenhoeck & Ruprecht

Alle deutschen Übersetzungen stammen von
Hans-Joachim Glücklich.

Abbildungsnachweis: Abb. 1: © Augustinermuseum – Städtische Museen
Freiburg, Januarius Zick, Der Schwur Hannibals, um 1790, Foto: Michael
Jensch; Abb. 2: Wikipedia; Abb. 3: Heinrich Leutemann: Hannibals Ueber-
gang ueber die Alpen. aus: Muenchener Bilderbogen Nr. 438, Bilder aus dem
Altertume XIII. Die Karthager, 1862. Buch im Bestand der Bibliothek
der Universität Konstanz (Städtische Wessenberg-Bibliothek, Sig. 21 246);
Abb. 4: DAMALS – Das Magazin für Geschichte (9–2004) / Graphik: A.
Raab; Abb. 5: Bordeaux, © aquarelles de Jean-Claude Golvin; Abb. 6a: akg-
images / Erich Lessing; Abb. 6b: Deutsches Schiffahrtsmuseum – Institut der
Leibniz-Gemeinschaft; Abb. 7: Wägner, Wilhelm: Rom – Anfang, Fortgang,
Ausbreitung und Verfall des Weltreiches der Römer; für Freunde des klas-
sischen Alterthums, insbesondere für die deutsche Jugend, Bd. 2, 3. verb.
Aufl., 1877, S. 168. Aufbewahrungsort: Universitätsbibliothek Regensburg
(Signatur: 0/NH 7000 W126(3)–2)

Mit 8 Abbildungen

Bibliografische Information der Deutschen Nationalbibliothek:

Die Deutsche Nationalbibliothek verzeichnet diese Publikation in der
Deutschen Nationalbibliografie; detaillierte bibliografische Daten sind im
Internet über http://dnb.d-nb.de abrufbar.

ISBN 978–3-525-71066-1

Gesamtherstellung: ⊕ Hubert & Co, Göttingen

Gedruckt auf alterungsbeständigem Papier.

Inhalt

I. Einleitung

1. Hannibal und die Römer

Hannibal ad portas – »Hannibal steht vor Rom«. So sollen die Römer gerufen haben, als ihnen der Siegeszug Hannibals in Italien Schrecken einjagte. Dieser Spruch ist nirgends für die Zeit Hannibals (Ende 3. Jh. v. Chr.) bezeugt. Der römische Politiker und Philosoph Cicero sagt aber im 1. Jahrhundert v. Chr. in einer seiner Reden, das sei ein üblicher Ausruf in gefährlicher Situation (Cicero, *Philippicae* 1,5,11).

Heute wird der Spruch oft so zitiert: *Hannibal ante portas*. Diese Formulierung ist überhaupt nicht überliefert und insofern falsch. Aber der Spruch trifft die Situation sehr gut. Hannibal hatte im Winter 219 v. Chr. überraschend ein Heer mit Kampfelefanten über die Alpen geführt und in Italien 218–216 fast die gesamte römische Streitmacht in drei blutigen Schlachten vernichtet (vgl. Zeittafel zu den Jahren 218–216). Dann zog er siegreich durch Italien und belagerte sogar die Hauptstadt Rom. Mehrere mit Rom verbündete Städte liefen zu Hannibal über. Aber es gelang den Römern, Hannibal zum Rückzug zu bewegen. Zu den Einzelheiten vgl. die Zeittafel (Die von Nepos dargestellte Zeit: 264–183).

2. Die drei Punischen Kriege

Die Punischen Kriege sind Kriege zwischen dem aufstrebenden und an Macht gewinnenden römischen Staat und Karthago. Karthago war im 3. Jahrhundert v. Chr. ein bedeutendes Handelszentrum und beherrschte den Mittelmeerraum.

Erster Punischer Krieg (264–241)

Der Erste Punische Krieg entstand, weil Hieron II., der Herrscher von Syrakus (Sizilien), gegen aufständische Söldner kämpfen musste. Die Söldner baten erst Rom um Hilfe. Römische Truppen waren aber noch durch einen anderen Krieg verhindert und erschienen zunächst nicht. Dann baten die Söldner Karthago um Hilfe. Schließlich erschienen sowohl karthagische als auch römische Truppen. Sie kämpften dann gegeneinander. Rom und Karthago versuchten, einander von Sizilien zu verdrängen und so ihre Vorherrschaft im Mittelmeerraum zu festigen. Die karthagischen Truppen standen unter dem Befehl des Hamilcar Barkas, des Vaters Hannibals. Dieser hatte sich auf dem Berg Eryx eine schwer einnehmbare Festung geschaffen. Schließlich aber siegten die Römer. Der Friedensvertrag bestimmte, dass Karthago Sizilien und »die Inseln zwischen Sizilien und Italien« räumt und eine Wiedergutmachung von 3200 Talenten (griechische Währungseinheit, etwa 105000 kg Silber) in 10 Jahresraten bezahlt.

Zweiter Punischer Krieg (218–202, → Karte S. 31)

a) Ebro-Vertrag: Hamilcar Barkas und sein Schwager Hasdrubal erweiterten schon kurz nach Abschluss des Ersten Punischen Kriegs das karthagische Herrschaftsgebiet und eroberten große Teile Südspaniens. Rom sah seinen Einfluss gefährdet. Um eine größere bewaffnete Auseinandersetzung zunächst zu vermeiden, schlossen beide Seiten 226/225 den so genannten Ebrovertrag. Er sah vor: Karthago hat in Südspanien freie Hand; aber karthagische Truppen dürfen nicht den Fluss Ebro (Iberus) überschreiten. Rom wollte damit vermeiden, dass karthagische Truppen nach Norden vordrangen, wo es in kriegerischen Auseinandersetzungen mit keltischen Stämmen lag.

b) Problemstadt Sagunt: Die Stadt Sagunt stand nicht unter karthagischer Herrschaft, lag aber südlich des Ebro, also in dem Gebiet, in dem Rom in einem Vertrag Karthago freie Hand gelassen hatte. Während innenpolitischer Auseinandersetzungen bat die Führungsschicht Sagunts Rom um Unterstützung. Rom schloss mit der Stadt einen Unterstützungsvertrag. Nach 221 eroberte aber Hannibal auf Feldzügen innerhalb des Karthago zustehenden Gebiets auch Sagunt und zerstörte es. Römische Truppen griffen nicht ein, sie waren anderweitig beschäftigt. Die erbeuteten Schätze schickte Hannibal nach Karthago, um dort den Senat zur Unterstützung seiner Kriegspläne gegen Rom zu bewegen.

c) Marsch über die Alpen nach Italien: 218 überschritt Hannibal den Ebro mit Truppen. Daraufhin schickte Rom Gesandte nach Karthago und verlangte die Auslieferung Hannibals. Karthago lehnte das ab und konnte sich darauf berufen, dass der Ebrovertrag zwischen Rom und Hasdrubal, nicht zwischen Rom und Karthago geschlossen worden war.
Hannibal wollte verhindern, dass die Römer das karthagische Gebiet in Afrika angriffen, und sie daher in Italien angreifen und in Zugzwang bringen. In schnellem Marsch durch Südgallien und über die Alpen brachte er seine Truppen nach Italien und verlagerte so den Kriegsschauplatz. So kam es zum Zweiten Punischen Krieg.

Hannibal versuchte, die Römer in Italien politisch zu isolieren, indem er ihnen ihre italischen Verbündeten abtrünnig machte. Aber trotz spektakulärer Siege gelang ihm dies nicht in erforderlichem Maß.

d) Berühmte Ereignisse und Schlachten 218–207:
- Hannibals Zug über die Alpen nach Italien (218)
- Schlacht am Ticino und am Trebia (216)
- Schlacht am Trasimenischen See, Schlacht von Cannae (216)
- Bündnis Hannibals mit Philippos V. von Makedonien (215)
- Römische Gegenwehr durch Eröffnung kleiner Nebenkriege, die Hannibal binden, und Vermeidung von Schlachten durch Q. Fabius Maximus Cunctator (»der Zögerer«)
- Vertrag mit den Aitolern (212), die Krieg gegen Philipp V. führten
- Rückeroberung abgefallener italienischer, einst mit Rom verbündeter Städte im Süden: Capua (211), Tarent (209)
- Schlacht am Metaurus (an der nördlichen Adriaküste) und Tod von Hannibals Bruder Hasdrubal (207)

e) Roms Sieg: Hannibal verließ mangels Unterstützung durch Karthago und italische Städte Italien. Der Kriegsschauplatz verlagerte sich nach Nordafrika. Feldherr auf römischer Seite war Publius Cornelius Scipio, der vorher schon die spanischen Einflussgebiete Karthagos erobert und so Karthago weiter geschwächt hatte. Scipio erhielt den Beinamen Africanus und wird von seinem Sohn gleichen Namens durch den Zusatz *Maior* (der Ältere) unterschieden. In der Schlacht bei Zama (202) besiegte Scipio Hannibal. Die totale Niederlage Karthagos führte zum Friedensvertrag 202/201 mit folgenden Bedingungen: Auslieferung des größten Teils der karthagischen Flotte, Auslieferung der Kriegselefanten; Kriegführung innerhalb Afrikas nur mit römischer Erlaubnis; Entschädigungszahlung von 15000 Talenten, zahlbar in 50 Jahresraten.

Dritter Punischer Krieg (149–146)

Immer wieder kam es zu Umsturzversuchen in Karthago, weil dort verschiedene Familien um die Herrschaft kämpften. Auch gab es immer wieder Grenzstreitigkeiten zwischen Karthago und Numidien (dessen Herrscher Massinissa war). Rom fürchtete schließlich, dass das Reich des gealterten Massinissa zerfällt. Zudem begann Karthago ohne römische Genehmigung mit Übergriffen auf numidisches Gebiet, schließlich auch mit Kriegshandlungen. Eine anti-karthagische Gruppe im römischen Senat wollte die bestehenden und die drohenden Schwierigkeiten durch eine Zerstörung Karthagos beenden. Publius Cornelius Scipio Africanus Minor (der Jüngere) eroberte 146 v.Chr. Karthago und ließ es niederbrennen. Die Überlebenden

wurden versklavt. Das Gebiet von Karthago wurde die römische Provinz
Africa.

3. Lateinische und griechische Werke über Hannibal, Scipio und die Punischen Kriege

Viele Schriftsteller und Historiker haben die Persönlichkeit Hannibals und
seiner römischen Gegenspieler, die Bedeutung Karthagos und »die Ursachen
der Größe Roms« dargestellt. Drei Autoren sind dabei besonders hervor-
zuheben:

a) **Polybios** (200–120 v.Chr.): Polybios kam als Geisel nach Rom (167
v.Chr.) und lebte zunächst dort im Haus des Feldherrn Lucius Aemilius
Paullus Macedonicus als Erzieher. Später wurde er oberster römischer Be-
amter in der Provinz *Graecia*. In seinem Werk »Geschichte« (*Historiae*),
stellt er dar, welche Gründe seiner Meinung nach der Erfolg Roms hat:
- Die römische Verfassung: eine Mischverfassung aus demokratischen, aris-
  tokratischen und monarchischen Elementen, wie sie heute die bedeuten-
  den Staaten Europas, die USA und andere Länder prägen, auch wenn diese
  den Ausdruck »Demokratie« statt »Mischverfassung« verwenden.
- Der Aufbau des römischen Heeres ist durchorganisiert, die geistig-see-
  lische Einstellung des römischen Heeres ist auf das Wohlergehen des Staates bezogen.
- Römische Heerführer haben enorme Kenntnisse, sind gebildet, denken hu-
  man. Aber sie kämpfen auch entschlossen und hart für die Erhaltung und
  die Sicherheit Roms und für die Vergrößerung der römischen Macht.

Paradebeispiele für Polybios sind Scipio der Ältere und Scipio der Jüngere,
die Rom gegen Hannibal verteidigt und schließlich Karthago unterworfen
und später zerstört haben. Polybios lässt auch Hannibal freundliche Urteile
zukommen, sieht aber, dass dieser nicht das Staatsbewusstsein der Römer
hat. Bei allen Feldherrn zeigt er deren Bewusstsein, dass viele Erfolge auch
von einer Art Schicksalsmacht abhängen, die er *Tyche* nennt. Das meint sowohl Zufall als auch Glück oder Missgeschick. Das lateinische Wort *fortuna*
ist dagegen meist positiv: Wer stark ist und sich einsetzt, der hat auch Glück
und dem hilft die Göttin Fortuna: *Fortem Fortuna (ad)iuvat.*
Sehr eindrucksvoll sind die Schilderungen von Begegnungen Scipios und
Hannibals zu Unterredungen und von (natürlich nur sinngemäß wiederge-
gebenen oder erfundenen) Reden, die die Feldherrn halten.
Das Werk, das Rom so rühmte, war in gebildeten Kreisen Roms ein Bestsel-
ler, jeder kannte es. Zwar hatten die beiden berühmten Scipionen in Rom innenpolitische Probleme, der jüngere starb durch ein Attentat. Dennoch wa-

ren beide gerade in der Darstellung des Polybios Nationalhelden geworden, die Rom gerettet und seine Macht ausgebaut haben.

b) Titus Livius (59 v.Chr. – 17 n.Chr.) schrieb seit 26 v.Chr., also nach Nepos, an seinem Riesenwerk *Ab urbe condita* (»Von der Stadtgründung an«). Dieses Geschichtswerk sollte die Zeit von dem (angenommenen) Gründungsdatum Roms 753 v.Chr. bis zu seiner Gegenwart darstellen. Livius konnte aber sein Werk nicht ganz vollenden. Und nicht alle vollendeten Bücher sind erhalten. In den erhaltenen Büchern 21–30 schildert er den Zweiten Punischen Krieg. In den nicht erhaltenen Büchern 16–20 behandelte er den Ersten Punischen Krieg und die Ursachen der Auseinandersetzung zwischen Rom und Karthago, wie man aus antiken Inhaltsangaben weiß. Livius sieht in der römischen Geschichte eine Entfaltung der großartigen Anlagen der Römer. Er ist von der Größe Roms und von Roms Berufung, der Welt Frieden und Ordnung zu bringen, überzeugt. Er schildert spannend viele Ereignisse aus dem Zweiten Punischen Krieg, sieht aber letztlich in Hannibal eher einen Barbaren und in Scipio d. Ä. den Vertreter menschlicher Humanität.

c) Cornelius Nepos (ca. 100 v.Chr. – 27 v.Chr.) lebte zurückgezogen als Schriftsteller ohne höhere staatliche Ämter. Sein Hauptwerk ist eine Sammlung von Biographien mit dem Titel *De viris illustribus*, »Berühmte Männer«.
Er beschreibt darin bedeutende Römer und Nichtrömer, geordnet nach »Berufen«: Könige, Feldherren, Dichter, Rhetoren (Redner und Redelehrer), Grammatiker, Philosophen. Insgesamt fünfundzwanzig dieser Lebensbeschreibungen sind erhalten geblieben. Er möchte insbesondere an griechischen Feldherrn und Politikern zeigen: Man muss tolerant sein und andere Kulturen und Zeiten zu verstehen suchen.
Die Lebensbeschreibungen (*Vitae*) des Nepos erschienen erstmals in den Jahren 35/34 v.Chr., ca. sechs Jahre später in zweiter erweiterter und umgearbeiteter Auflage. Diese erweiterte Auflage enthielt die Hannibal- und die Hamilcar-Biographie. Das bedeutet: Zehn Jahre nach Caesars Tod stellt Nepos den Römern Identifikationsfiguren vor. Fünfzehn Jahre nach Caesars Tod weist er eventuell auch dem größten Gegner Roms eine solche Qualität als Identifikationsfigur zu. Man weiß, dass sich seit der Zeit Caesars römische Feldherrn stark mit Hannibals strategischen Leistungen beschäftigten. Später konnten sich manche Kaiser sogar mit Hannibal als Führer in Krieg und Frieden weitgehend identifizieren, auch wenn er eigentlich ein Gegner Roms war.
Nepos widmete seine Biographiensammlung seinem Freund Titus Pomponius Atticus. Atticus hatte sich aus der für ihn riskant gewordenen Politikertätigkeit zurückgezogen, um auch mit den neuen Machthabern auszukommen: erst Caesar, dann Antonius und Octavian. Er besaß florierende Unternehmen und veröffentlichte die Werke berühmter Autoren.

Nepos fügte in seine Biographiensammlung auch eine Lebensbeschreibung des Atticus ein. Der Dichter Catull aus Verona, Landsmann und Zeitgenosse des Nepos, widmete Nepos die Sammlung seiner berühmten Liebes-, Spott- und Freundschaftsgedichte, weil er schon immer etwas von seinen Gedichten gehalten habe (Catull, *carmen* 1).

Nepos schreibt später als Polybios, früher als Livius. Er gibt keine so ausführlichen Geschichtsdeutungen wie Polybios, er erzählt nicht so ausführlich und mit vielen Details wie Livius. Man muss also die Eigenarten und die Ziele der von Nepos geschriebenen Biographie erkennen. Man kann sich aber bei Polybios und Livius weitere Informationen holen und man kann die Texte vergleichen. Für Interessierte gibt die Zeittafel die parallelen Stellen an.

Übersicht: Polybios, Nepos, Livius und andere Autoren

Autor	Werk
Polybios 200–120 v.Chr.	*Historiae* (Geschichte). Geschichte Roms vom Ersten Punischen Krieg bis zur Zerstörung Karthagos, besonders Bücher 3, 9 und 15.
Cornelius Nepos 100–25 v.Chr.	*Vita Hannibalis*, erschienen zwischen 30 und 27.
Titus Livius 59 v.Chr. – 17 n.Chr.	*Ab urbe condita*, »Von der Stadtgründung an«. Der Zweite Punische Krieg ist in den Büchern 21–30 beschrieben, Hannibals Exil und Tod in den Büchern 34–37.
Pompeius Trogus 1. Jh. v.Chr.	*Historiarum Philippicarum libri XLIV* (44 Bücher Philippische Geschichte). Die Entwicklung Mazedoniens zur Weltmacht unter seinen Königen Philipp und Alexander steht im Mittelpunkt einer allgemeinen Weltgeschichte. Das Werk ist nur in der Zusammenfassung des Iunianus Iustinus erhalten.
Silius Italicus ca. 25–101 n.Chr.	*Punica* (Der [Zweite] Punische Krieg); ein Epos, keine historische »Quelle«, aber eine Quelle für weitere Rezeptionen (Verarbeitungen) der Hannibalgeschichte.
Plutarch ca. 46–120 n.Chr.	*Bioi paralleloi*, »Parallelbiographien« jeweils eines Griechen und eines Römers, ca. 105–115 entstanden. Plutarch vergleicht Perikles mit Fabius Maximus, Philopoimen mit Titus Flaminius, Pelopidas mit Marcellus.
Appian nach 150 n.Chr.	*Römische Geschichte* (von den Anfängen bis auf seine Zeit), Buch 7: Hannibal (in Europa).

Autor	Werk
Cassius Dio 155–235 n.Chr.	*Romaika* (Römische Geschichte).
M. Iunianus Iustinus 3.Jh. n.Chr.	*Epitome Historiarum Philippicarum*: Kurzfassung des Geschichtswerks des Pompeius Trogus.
Johannes Zonaras aus Byzanz 11./12.Jh. n.Chr.	*Epitome historiarum:* Abriss der Geschichte (der Römer).

Übersetzungen der genannten Werke: → Literaturverzeichnis

4. Die Hannibal-Biographie des Nepos

Im Mittelpunkt dieser Textausgabe steht die kurze Biographie Hannibals, die der römische Autor Nepos geschrieben hat (→ Grundwissen 2). Sie hat den folgenden Aufbau, den man »klappsymmetrisch« nennt:

1	Vorwort: Würdigung Hannibals im Vergleich mit dem römischen Volk.
2	Der gealterte Hannibal erzählt König Antiochus von dem Eid, den er im Alter von neun Jahren geschworen hat: Ewiger Hass auf die Römer.
3–5	Italienischer Teil: Zweiter Punischer Krieg. Ablauf und Steigerung in Erfolg und totaler Vernichtung der römischen Armeen und ihrer Führer.
6	Von Italien nach Africa: Die Schlacht von Zama.
7	Vom Oberbefehlshaber zum Politiker – eine Änderung in Hannibals Leben?
8	In Asien und Africa: Der Syrische Krieg.
9–11	Asien-Teil: Kampf gegen Rom aus der Verbannung heraus.
12	Selbstmord Hannibals.
13	»Nachruf«: Rühmung Hannibals als Feldherr und als Mann der Literatur.

5. Die Zeit des Cornelius Nepos

Der Römer Cornelius Nepos schreibt um 29 v.Chr., also ca. 155 Jahre nach Hannibals Tod (183 v.Chr.), eine Lebensbeschreibung Hannibals (grch. Biographie, lat. *Vita*). Er blickt also auf die Auseinandersetzungen zwischen Rom und Karthago zurück. Er weiß, dass Karthago längst zerstört ist (146 v.Chr.). Er kennt den Aufstieg Roms zur unumstrittenen Weltmacht. Er weiß, wie viele innere Auseinandersetzungen es in Rom gab und wie viele Bürgerkriege. Er schreibt er am Beginn der augusteischen Zeit und einer neuen Staatsform. Im Prinzipat des Augustus hatten zwar immer noch Volksversammlungen und Senat Gesetzgebungsrechte, aber der Kaiser Augustus hatte als lebenslanger Konsul die weitaus größte Macht.

Man kann davon ausgehen, dass ein Schriftsteller, der über vergangene Ereignisse schreibt, versucht, die vergangene Zeit zu verstehen, aber immer auch von den Eindrücken aus seiner eigenen Zeit geprägt ist. Diese sind:

- Auseinandersetzung zwischen Caesar und Pompeius um die Macht
- Bürgerkrieg zwischen Caesarianern und Pompejanern (49–48 v.Chr.)
- Alleinherrschaft Caesars bis zu seiner Ermordung (44 v.Chr.)
- Bürgerkrieg zwischen den selbsternannten Caesarnachfolgern Octavian und Antonius mit den Caesargegnern (44–33 v.Chr.)
- Machtkampf zwischen Octavian und Antonius (33–31)
- die Regierung Octavians (ab 31 v.Chr.), der dann Augustus genannt wurde (27 v.Chr.)

In der Hannibal-Biographie lässt Nepos gegensätzliche Strömungen spüren: die Achtung und Bewunderung für eine große Persönlichkeit und das Nachdenken über die erfolgreichen Verhaltensweisen der Römer, für die Hannibal der legendäre und fast erfolgreiche Römerhasser ist.

Nepos führt Hannibals Feldzüge gegen die Römer auf dessen Hass gegen die Römer zurück. Nepos hat dieses Erklärmuster mit anderen römischen Autoren und mit vielen Autoren gemeinsam, die über andere, auch moderne Kriege schreiben. Das Erklärmuster »Hass auf die Römer« ist allerdings keine ausreichende Begründung für die Auseinandersetzungen zwischen der Großmacht Karthago und der aufstrebenden Großmacht Rom. Denn natürlich standen wirtschaftliche und machtpolitische Interessen hinter den Auseinandersetzungen.

Aber in der anerkennenden Darstellung eines Römerfeindes durch den Römer Nepos kann man ein Stück römischen Charakters und eine Ursache römischen Erfolges erkennen: Die Römer übernahmen von anderen, auch von ihren Gegnern, was sie für gut und nützlich hielten; trotzdem waren sie sich immer ihrer eigenen Leistung bewusst, die in der Verbindung dieser Lernfähigkeit mit eigenen Charakterzügen bestand.

II. Grammatik

Kurzformen: nī = nisī; fore = esse; foret = esset; fuēre = fuērunt; coepēre = coepērunt; fēcēre = fēcērunt; optāstis = optāvistis; audierat = audīverat; pūblicārunt = pūblicāvērunt; iūdicārunt = iūdicāvērunt; concitārunt = concitāvērunt; fugārat = fugāverat.

Akk. Pl. der *i-* und der konsonantischen Deklination: häufige und übliche Endung: *-īs* (nicht *ēs): omnīs*, nicht *omnēs, alacrīs*, nicht *alacrēs.*

Konnektoren: Sätze können ohne Verknüpfung aneinander gereiht werden (→ Stilmittel Nr. 3, Asyndeton). Dann wirken sie wie einzelne Schlagzeilen. Ihr inhaltliches Verhältnis kann aber durch Satzverbinder, so genannte Konnektoren, deutlicher gemacht werden.
Gleichordnende Konnektoren oder Konjunktionen verbinden Hauptsätze mit Hauptsätzen, Gliedsätze mit Gliedsätzen, Satzglieder mit Satzgliedern: *et* »und«, *sed* »aber«, *neque* »und nicht«.
Unterordnende Konnektoren oder Konjunktionen (anderer Name: Subjunktionen) ordnen Gliedsätze Hauptsätzen oder anderen Gliedsätzen unter: *cum* »als, weil, obwohl«; *si* »wenn«; *ut* »dass, damit«; *ne* »dass nicht, damit nicht« usw.

Verweisformen: Wörter und Ausdrücke, die auf vorher oder später genauer benannte Personen, Sachen oder Vorgänge verweisen. Es werden Pronomina verwendet:
- Verweispronomina oder Personalpronomina: *is, ea, id* (er, sie, es).
- Demonstrativpronomina wie in einer Rede, in der man Gesten verwendet: *hic* (dieser bei mir), *iste* (dieser bei dir), *ille* (dieser bei anderen).
- Rückverweis: Bereits genannte Personen oder Sachen werden wieder aufgenommen.
- Vorverweis: Erst kommt ein Pronomen wie *is, ea, id* oder *hic, iste, ille*, dann kommt ein Relativsatz, ein A.c.i. oder ein neuer Satz, der eine genauere Beschreibung bietet.

Relativ(isch)er Anschluss: besondere Art der Verknüpfung zweier Sätze: Ein Satz schließt an einen anderen nicht mit einem Demonstrativ- oder Personalpronomen an, sondern mit einem Relativpronomen. Man muss dieses Relativpronomen mit einem Demonstrativ- oder Personalpronomen übersetzen:

Hannibal c. 2: Rex Antiochus potentissimus fuit. Hunc Hannibal cupiditate incendit bellandi. Ad quem (statt *eum* oder *hunc*) *cum legati venissent Romani, tempore dato Hannibal adiit ad regem.*

»König Antiochus war der mächtigste. Ihn entflammte Hannibal mit der Begierde, einen Krieg zu führen. Aber als römische Gesandte zu diesem gekommen waren, ging Hannibal, als sich die Gelegenheit bot, zum König.«

Relativ(isch)e »Verschränkung«: Das Relativpronomen hängt nicht direkt vom Prädikat des Satzes ab. Man muss bei der Übersetzung den Satzbau ändern.

Hannibal 9,2: Magnam secum pecuniam portabat, de qua sciebat exisse famam.

In diesem Satz ist *famam exisse* ein A.c.i., der von *sciebat* abhängt; *de qua* erläutert den A.c.i., hängt nicht von *sciebat* ab, leitet aber trotzdem den Relativsatz ein.

Übersetzungsmöglichkeiten:
- Zwei Sätze: »Er führte eine Riesenmenge Geld mit sich. Er wusste, dass über diese Geldmenge schon die Kunde in alle Welt gegangen war.«
- Verwendung eines eingeschalteten Satzes (so genannte Parenthese): »Er führte eine Riesenmenge Geld mit sich. Über diese – dessen war er sich bewusst – war schon die Kunde überallhin gedrungen.«

Verkürzter A.c.i.: a) Nepos verwendet gerne Kurzformen des A.c.i. ohne *esse*, manchmal sogar ohne das aus dem Zusammenhang ergänzbare Akkusativ-Subjekt im A.c.i. – b) Der Infinitiv Futur steht auch bei anderen Schriftstellern grundsätzlich ohne *esse*; *esse* wird nur hinzugesetzt, wenn die Formulierung lang werden und langsam gelesen werden soll.

Beispiele:
a) Infinitiv Perfekt Passiv (der Vorzeitigkeit):
- volle Form: Hann. 7,3: *munus eorum gratum acceptumque esse*
- sonst verkürzte Formen:
  Hann. 7,6: *hos missos (esse)*
  Hann. 8,2: *interfectum eum (esse)*
  Hann. 12,4: *exitus occupatos (esse) ostendisset*
  Hann. 12,5: *sensit id non fortuito factum (esse)*

b) Infinitiv Futur (der Nachzeitigkeit) im A.c.i.:
  Hamilcar 1,5: *periturum se (esse)*
  Hann. 7,3: *obsides futuros (esse)*
  Hann. 7,3: *(se) captivos non remissuros (esse)*
  Hann. 9,6: *illos consecuturos (esse)*
  Hann. 9,6: *se facturum (esse)*
  Hann. 12,2: *se sine insidiis futuros (esse)*/Fliesst>

III. Grundwissen

1. Punische Kriege

Erster Punischer Krieg (264–241)

Karthago und Rom versuchten beide, ihre Vorherrschaft auf Sizilien und im Mittelmeerraum zu festigen. Der karthagische Befehlshaber Hamilcar Barkas, der Vater Hannibals, unterlag den Römern. Der Friedensvertrag bestimmte, dass Karthago Sizilien räumen und eine hohe Wiedergutmachung bezahlen sollte.

Zweiter Punischer Krieg (218–202)

Hamilcar Barkas und sein Schwager Hasdrubal erweiterten schon kurz nach Abschluss des Ersten Punischen Kriegs das karthagische Herrschaftsgebiet und eroberten große Teile Südspaniens. Rom schloss daher mit Karthago 226/225 den so genannten Ebrovertrag. Er sah vor: Karthago hat in Südspanien freie Hand, aber karthagische Truppen dürfen nicht den Fluss Ebro (Iberus) überschreiten. 218 überschritt Hannibal den Ebro mit Truppen. Es kommt zum Zweiten Punischen Krieg.

Wichtige Ereignisse und Schlachten:
- Hannibals Zug über die Alpen nach Italien (218); Schlacht am Ticino und am Trebia; Schlacht am Trasimenischen See, Schlacht von Cannae (216).
- Nachdem Hannibal Italien verlassen musste, verlagert sich der Krieg nach Nordafrika: Schlacht bei Zama (202).

2. Cornelius Nepos

Cornelius Nepos (ca. 100 v.Chr. – 27 v.Chr.): Sein Hauptwerk ist eine Sammlung von Biographien: *De viris illustribus*, »Berühmte Männer«.
Er beschreibt darin bedeutende Römer und Nichtrömer. Insgesamt 25 dieser Lebensbeschreibungen sind erhalten geblieben. An den griechischen Feldherrn und Politikern möchte er zeigen: Man muss tolerant sein und andere Kulturen und Zeiten zu verstehen suchen. Er widmete das Werk Titus Pomponius Atticus. Dieser war erst politisch tätig gewesen, hatte sich dann aber vorsichtig zurückgezogen und verlegte die Werke berühmter Autoren.

3. Biographie

Eine Biographie ist die »Lebensbeschreibung« eines Menschen. Sie schildert die Abfolge seines Lebens. Sie verbindet die einzelnen Lebensabschnitte mit anderen Ereignissen der Zeit: Entweder prägen die Zeitereignisse die Person, oder die Person bestimmt die Zeit und »macht Geschichte«. Der Autor versucht, auch die innere Entwicklung einer Person darzustellen: ihre besonderen Charakterzüge, ihre »Lebensmitte«. Folglich gehören zu einer Biographie:

- Angaben zu den Lebensdaten
- Beschreibung der Taten des Dargestellten
- Beschreibung der Zeitumstände
- Charakterisierung
- Würdigung der Leistungen und der Bedeutung der dargestellten Person

4. Erzähltechniken

1. Erzählstile

1. Personaler Erzählstil: Der Autor erzählt alles in einer natürlichen zeitlichen Reihenfolge. Er tut so, als wäre er beim Geschehen dabei und wisse jeweils nicht mehr als der Leser.

2. Auktorialer Erzählstil: Der Autor zeigt, dass er mehr weiß als die von ihm dargestellten Personen zum jeweiligen Zeitpunkt der Handlung. Er kann jederzeit in die Erzählung eingreifen, Rückblenden vornehmen, Vorausgriffe machen, in die weitere Zukunft schauen, allgemeine Betrachtungen, Vergleiche, allgemeine Lebenserfahrungen einstreuen.

2. Textelemente

1. Bericht von Vorgängen in ausführlicher oder sehr geraffter Form. Der Bericht hat den größten Anteil an einem Geschichtswerk. Die einzelnen Aktionen in einem Geschehen sind die Etappen der Handlung und werden im narrativen Perfekt erzählt. Dauernde Zustände oder wiederholte Handlungen der Vergangenheit werden im Imperfekt geschildert, das dann als durativ bzw. iterativ bezeichnet wird. Rückgriffe auf Ereignisse, die vor dem erzählten Handlungsablauf bzw. vor der jeweiligen Etappe liegen, stehen im Plusquamperfekt.

2. Szenische Darstellung: Der Erzähler tut so, als wäre er wie ein Reporter direkt beim Geschehen dabei. Kennzeichen dieser »Nahaufnahme«: »szenisches« Präsens, auch die Verwendung der direkten Rede.

3. Beschreibung: Der Erzähler hält den Fortgang der Handlung an und beschreibt einen Zustand ausführlich. Er versucht so, den Leser in eine be-

stimmte Stimmung zu versetzen. In dieser Stimmung soll er das erzählte Geschehen beurteilen. Tempus: Präsens, Imperfekt, feststellendes Perfekt.
4. Betrachtungen und Erörterungen über den Verlauf der Dinge. Der Erzähler führt dabei eine Art Gespräch mit dem Leser über die Hintergründe und den Sinn des Geschehens. Tempora: Präsens, feststellendes Perfekt.
5. Sentenzen, allgemeine Redensarten und Lehrsätze. Der Erzähler gibt seinen Lesern eine Kurzformel an die Hand, die das erzählte Geschehen zusammenfasst und wertet. Tempus: Präsens, feststellendes Perfekt.

3. Erzählzeit und erzählte Zeit

1. Erzählzeit: die Zeit, die der Autor zur Darstellung eines Ereignisses bzw. die der Leser zu deren Lektüre braucht.
2. Erzählte Zeit: die Zeit, die der dargestellte Vorgang tatsächlich braucht.
Die Erzählzeit kann gegenüber der erzählten Zeit sehr kurz sein (Raffung), kann ihr aber auch in der Länge entsprechen. Dadurch werden Schwerpunkte gesetzt.

4. Charakterisierung von Personen

1. Direkte Charakterisierung: wertende Bemerkungen des Erzählers (z. B. durch Adjektive, Substantive, Aussagesätze).
2. Indirekte Charakterisierung: Der Erzähler lässt die dargestellte Person durch ihre Handlungen und Reden wirken und zeigt so ihren Charakter.

5. Stilmittel

Ein Autor wirkt außer durch den Inhalt auch durch die Art, wie er diesen Inhalt darstellt. Er kann straff oder weitschweifig, folgerichtig oder sprunghaft oder kreisförmig (mit Rückkehr zum Ausgangspunkt) darstellen. Er kann abstrakt oder bildhaft, in einfachen oder in komplizierten Wörtern und Sätzen schreiben (auch Einfachheit kann gewollt sein). Die Wirkungen sind immer im Zusammenhang mit dem Inhalt zu erarbeiten. Wichtige stilistische Mittel sind (*Hann.* = Nepos, *Vita Hannibalis*):

(1) Anápher (»Wiederaufnahme«): Nachdrückliche und gliedernde Wiederholung eines Wortes oder einer Wortgruppe am Anfang von Sätzen oder Satzabschnitten:

Hann. 5,4: nemo ei in acie restitit, nemo adversus eum post Cannensem pugnam in campo castra posuit.

»Niemand hat ihm in Schlachtaufstellung Widerstand geleistet. Niemand hat gegen ihn nach der Schlacht von Cannae im Feld ein befestigtes Lager errichtet.«

(2) Antithése (»Gegensatz«): Ein Gedanke wird durch Gegensätze oder Gegensatzreihen deutlich gemacht: »Alle reden vom Wetter. Wir nicht.« Antithesen werden oft in bestimmten Stellungsfiguren formuliert, z. B. Parallelismus (St 15), Chiasmus (St 4), Alliteration (St 12a).

Hann. 6,4: paucis diebus multos contraxit
»in wenigen Tagen zog er viele zusammen«

(3) Asýndeton (»Unverbundenheit«): Mehrere gleichgeordnete Satzglieder oder Sätze werden unverbunden (d. h. ohne Konjunktion) nebeneinandergestellt.

Hann. 3,4: loca patefecit, itinera muniit
»Gebiete hat er aufgetan, befestigte Wege hat er angelegt« (siehe 16)

(4) Chiásmus (»Kreuzstellung«, nach dem griechischen Buchstaben Chi = X): Zwei Satzabschnitte oder Sätze werden spiegelbildlich zusammengesetzt, d. h. der zweite Abschnitt hat die umgekehrte Abfolge der Satzglieder wie der erste:

Hann.10,4: Superabatur navium multitudine, dolo erat pugnandum
»Er wurde besiegt durch die Schiffsmenge, mit List musste man kämpfen.«

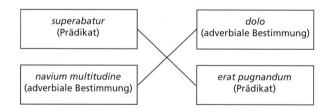

(5) Dihaerese (»Zerlegung«): Ein Begriff wird durch eine Reihe von Teilbegriffen umschrieben, kann dabei selbst genannt oder unterdrückt werden: »Amsel, Drossel, Fink und Star und die ganze Vogelschar.«

Hann. 5,4: nemo ei in acie restitit, nemo adversus eum . . . castra posuit. (siehe 3)

(6) Ellipse (»Auslassung«): Ein Wort, das vom Satzbau her notwendig ist, wird ausgelassen:

Hann. 12,3: locum ubi esset, (eos) facile inventuros (esse)
»(sie) würden den Ort, an dem er sich befinde, leicht finden«

(7) Epimoné (»Verweilen«): Wiederholung eines Gedankens in anderer Formulierung:

Hann. 10,1: neque aliud quicquam egit quam regem armavit et exercuit adversus Romanos
»und nichts anderes unternahm er als den König zu bewaffnen und gegen die Römer zu trainieren«

(8) Evidentia (»Augenfälligkeit«, »Veranschaulichung«): die lebhaft-detaillierte Schilderung eines Gegenstandes oder eines Geschehens durch Aufzählung anschaulicher Einzelheiten. Der Autor stellt sich mit dem Leser mitten in das Geschehen (sagt deswegen z.B. *hic* »hier« statt *illic* »dort« und verwendet das Präsens wie in einer Reportage). Der Leser soll zum Augenzeugen werden, seine Gefühle sollen erregt werden.

(9) Hendiadyoin (»Eins durch zwei«): Zwei Begriffe, von denen der eine dem anderen inhaltlich untergeordnet sein kann oder die beide inhaltlich miteinander verwandt sind, werden formal gleichgeordnet; der Autor stellt so einen Vorgang oder eine Sache in zwei Aspekten nachdrücklich dar: »bitten (Sachgehalt) und betteln (äußere Form)« (= »unablässig bitten«).

Hann. 7,3: gratum acceptumque
»willkommen und akzeptiert«, »gerne akzeptiert«

(10) Hypérbaton (»Hinüberspringen«): Trennung zweier syntaktisch zusammengehöriger Wörter, vor allem des Attributs von seinem Beziehungswort; dadurch wird eine Betonung des im Satz nach vorn gerückten Wortes oder eine Spannung auf das noch zu erwartende zweite Wort erreicht.

Hann. 8,3: nulla deseruit in re
»in keiner Sache ließ er ihn im Stich«

(11) Hyperbel (»Übertreibung«).

Hann. 3,3: cum omnibus incolis conflixit
»mit allen Bewohnern kämpfte er«

(12) Gleichklänge:
a) Alliteration (mehrere Wörter hintereinander beginnen mit demselben Buchstaben):

Hann. 9,3: praesentibus principibus
»in Anwesenheit aller Anführer«.

b) Homoiotéleuton (mehrere Wörter hintereinander haben dieselbe Endung):

Hann. 9,3: suas fortunas
»sein Vermögen«.

(13) Klimax (»Leiter«): Anordnung von Wörtern oder Sätzen mit Steigerung des Aussagegehalts (meist dreiteilig): »Ich kam, ich sah, ich siegte« (*veni, vidi, vici*).

Hann. 7,7: bona eius publicaverunt, domum a fundamentis disiecerunt, ipsum exulem iudicarunt,
»sie verstaatlichten seinen Besitz, zerstörten sein Haus bis auf die Grundmauern, verbannten ihn durch Gerichtsurteil aus dem Land.«

(14) Metápher (»Übertragung«): Ein Wort wird durch ein anderes ersetzt, das mit diesem in einem Vergleichsverhältnis steht. Das neue Wort ist damit in einen uneigentlichen Bereich – d. i. in einen Bereich, in den es eigentlich gar nicht hingehört – übertragen. Deutsches Beispiel: »Ein Feuer ergriff ihn«, statt: »Eine Leidenschaft ergriff ihn (wie ein Feuer)«.

Hann. 2,1: cupiditate incendit
»er setzte ihn durch die Begierde in Brand«

(15) Parallelismus (»übereinstimmende Anordnung«): Zwei oder mehr Satzabschnitte oder Sätze werden nach dem gleichen Schema (d. h. mit identischer Abfolge der Satzglieder) gebaut:

»Reden ist Silber, Schweigen ist Gold.«

Hann. 9,3: amphoras complures complet plumbo, summas operit auro et argento
»mehrere Amphoren füllt er mit Blei, ganz oben bedeckt er sie mit Gold und Silber«

(16) Polysýndeton (»vielfache Verbindung«): Zwischen gleichgeordneten Satzgliedern wird das Verbindungswort mehrfach wiederholt:

Hann. 2,2: … neque id frustra fecissent idque Hannibal comperisset seque ab interioribus consiliis segregari vidisset …

»und als sie das nicht erfolglos gemacht hatten und Hannibal das erfahren hatte und sah, dass er von den geheimen Beratungen ausgegrenzt wurde …«

IV. Zu den Arbeitsaufträgen und Begleittexten

Die Arbeitsaufträge stehen in dieser Ausgabe getrennt vom Text. Im Unterricht und bei häuslicher Lektüre werdet ihr anders verfahren, nämlich vor und nach jedem Kapitel verschiedene Überlegungen anstellen. Dazu dienen die Arbeitsaufträge und Begleittexte.

Die *Begleittexte* geben Zusatzinformationen und ermöglichen Vergleiche. Der antike Leser kannte meist den geschichtlichen Hintergrund. Für euch wird die Arbeit oft einfacher, wenn ihr die Informationen vor der Lektüre des Kapitels lest. Auch Vergleiche mit anderen Texten oder mit der Gegenwart fallen leichter, wenn man die Begleittexte gelesen hat.

Die vorgeschlagenen *Arbeitsaufträge* haben eine planmäßige Reihenfolge:

- Am Anfang stehen Arbeitsaufträge zur Erschließung des jeweiligen Textes. Wenn ihr bei der Lektüre die folgenden Arbeitsaufträge zuerst bearbeitet, könnt ihr euch so ein erstes Verständnis des Textes erarbeiten. Dann fällt die Übersetzung leichter.

Hamilcar 1: beim ersten Durchlesen: A 1	Hannibal 6: A 1
Hamilcar 4: beim ersten Durchlesen: A 1	Hannibal 7: A 1
Hannibal 1: beim ersten Durchlesen: A 1	Hannibal 8: A 1a
Hannibal 2: beim ersten Durchlesen: A 1-3	Hannibal 9: A 1
Hannibal 3: A 1	Hannibal 10-11: A 1
Hannibal 4: A 1-3	Hannibal 12: A 1 und 2a
Hannibal 5: A 1-3	Hannibal 13: A 1

- Danach folgen Arbeitsaufträge zur Interpretation. Die Aufgaben sollen Beobachtungen zusammenfassen und euren Umgang mit Texten aller Art üben. Dazu gehört es, die Absicht des Verfassers zu erkennen, seine Darstellung zu genießen oder zu kritisieren.
- Manche Arbeitsaufträge legen die Umsetzung des Textes in andere Textformen oder in szenische Darstellungen nahe. Dadurch lassen sich oft zusätzliche Erkenntnisse zum Text gewinnen.
- Schließlich gibt es eine Reihe von Arbeitsaufträgen, die ihr besser in Zusammenarbeit mit anderen erledigt. Man merkt dabei: Es gibt oft mehrere Ansichten zu einem Thema; andere Ansichten haben ihre Gründe; die Gründe können in einer anderen Auslegung des Textes liegen, aber auch in anderen Einstellungen zur Gegenwart. Die anderen Ansichten müssen daher toleriert werden oder tragen sogar zur Veränderung der eigenen Ansicht bei.

V. Texte

Hamilcar

1 Hamilcar im Krieg mit den Römern

(Erster Punischer Krieg, beschriebener Zeitraum: 264–241)

(1) Hamilcar, Hannibalis filius, cognomine Barca, Karthaginiensis,
primo Poenico bello, sed temporibus extremis,
admodum adulescentulus in Sicilia praeesse coepit exercitui.
(2) Cum ante eius adventum
et mari et terra male res gererentur Karthaginiensium,
ipse,
ubi adfuit,
numquam hosti cessit neque locum nocendi dedit
saepeque e contrario, occasione data, lacessivit semperque superior discessit.
Quo facto,
cum paene omnia in Sicilia Poeni amisissent,
ille Erycem sic defendit,
ut bellum eo loco gestum non videretur.
(3) Interim Karthaginienses classe apud insulas Aegatis a C. Lutatio, consule
Romanorum, superati statuerunt belli facere finem eamque rem arbitrio per-
miserunt Hamilcaris.

---

1 cognōmen, minis *n.: Beiname*
cognōmine *(Abl. des Bezugspunktes, für den
etw. gilt):* mit (dem) Beinamen
Barca: Barkas *(phönizisch/punisch: »Blitz«)*
Karthāginiēnsis, is: Karthager
ádmodum: fast, noch
adulēscentulus, ī *m.:* sehr junger Mann
praeesse: *Hamilcar übernahm den Oberbefehl 246 v.Chr.*
2 **locum dare,** dō: Gelegenheit geben
ē **contrāriō:** im Gegenteil
quō factō: *relativ(isch)er Satzanschluss*
Sicilia, ae: Sizilien, *vor dem Zweiten Puni-*

schen Krieg Teil des karthagischen Einfluss-
bereichs
Eryx, ycis *m.:* Eryx, *Berg und befestigte Stadt
an der Westküste Siziliens (→ Grundwissen 1)*
3 **classe:** *Abl. instrumenti oder des Bezugspunktes, zu* superātī
īnsulae Aegātēs, īnsulārum Aegātium: Ägati-
sche Inseln, *vor der Westspitze Siziliens;*
Aegātīs: *Akk. Pl. (der oft -īs, nicht -ēs als Endung hat)*
C. Lutātius Catulus: *Römischer Konsul und
Feldherr, siegte 241 in der Seeschlacht bei den
Ägatischen Inseln über die Karthager*

Ille,
etsi flagrabat bellandi cupiditate,
tamen paci serviundum putavit,
quod patriam, exhaustam sumptibus, diutius calamitates belli ferre non posse
intellegebat, – (4) sed ita,
ut statim mente agitaret,
si paulum modo res essent refectae,
bellum renovare Romanosque armis persequi,
donicum aut virtute vicissent aut victi manus dedissent.
(5) Hoc consilio pacem conciliavit;
in qua tantā fuit ferociā –
cum Catulus negaret bellum compositurum,
nisi ille cum suis, qui Erycem tenuerunt, armis relictis Sicilia decederent –,
ut, succumbente patria, ipse periturum se potius dixerit,
quam cum tanto flagitio domum rediret:
Non enim suae esse virtutis arma, a patria accepta adversus hostis, adversariis
tradere.
Huius pertinaciae cessit Catulus.

2 Hamilcar – Retter Karthagos vor dem Verfall

(beschriebener Zeitraum: ca. 240–238)

Zusammenfassung: Hamilcar ist wieder in Karthago. Er findet einen Staat
in Auflösung vor: Das Söldnerheer Karthagos, 20000 Soldaten, wendet sich
von seinem Arbeitgeber ab. Das bewirkt, dass andere afrikanische Staaten
sich aus Bündnissen mit Karthago lösen. Die Söldner belagern schließlich
Karthago. Die Karthager müssen ihre Besieger, die Römer, um Hilfstruppen
bitten. Dann aber machen sie Hamilcar zum Befehlshaber (*imperator*). Hamilcar vertreibt die Belagerer und jagt sie in ein Gebiet, aus dem sie nicht
entkommen können. Nepos sagt: Mehr sind durch Hunger als durch das
Eisen gestorben. Hamilcar bringt die abgefallenen Städte – darunter Utica

---

pācī servīre, serviō: für einen Friedensschluss Sklave sein
exhaurīre, -hauriō, -hausī, -haustum: er-schöpfen, auslaugen
diūtius *Adv.*: länger
4 mente agitāre, agitō: entschlossen sein
reficere, -ficiō, -fēcī, -fectum: wiederherstel-len, bessern
dōnicum = dōnec: bis
manūs dare, dō: sich ergeben
5 pācem conciliāre, conciliō: einen Friedens-vertrag schließen
tantā ferōciā esse : so wild sein
bellum compōnere, -pōnō, -posuī, -positum: den Krieg beenden
bellum compositurum: *erg.* sē esse
succumbere, -cumbō, -cubuī: unterliegen
dēcēderent: *Pl., da gemeint:* ille cum suīs
ese suae virtūtis: seiner Tapferkeit entspre-chen
adversus + *Akk.:* gegen
hostīs: *Akk. Pl.*

und Hippo – wieder zu einem Bündnis mit Karthago. Er erweitert den Einflussbereich Karthagos und sorgt für eine Friedenszeit mit großer wirtschaftlicher Blüte. Nepos sagt: Es war nicht zu merken, dass dort kurz zuvor überall noch Krieg herrschte.

3 Hamilcar erobert Spanien

(beschriebener Zeitraum: ca. 230–225)

Zusammenfassung: Nun widmet sich Hamilcar wieder seinem Hass auf Rom. Er lässt sich vom karthagischen Staat ein Heer und den Oberbefehl in den von Karthago beherrschten Gebieten Spaniens geben. Da auch die Römer Einfluss und Interessen in Spanien haben, hofft Hamilcar, er werde dort einen Grund finden, gegen Rom Krieg zu führen (so wenigstens sagt es Nepos).
Hamilcar nimmt seinen neunjährigen Sohn Hannibal mit nach Spanien. Hamilcar stirbt in Spanien, die Ursache ist nicht geklärt. Den Oberbefehl übernimmt dann Hasdrubal, der Schwiegersohn Hamilcars. Nepos erwähnt, dass nach manchen Gerüchten Hasdrubal möglicherweise ein Liebesverhältnis zu Hamilcar hatte, behauptet aber, er glaube das nicht. Als Tatsache teilt er mit: Hasdrubal hatte große militärische Erfolge; aber er hat durch großzügige Schenkungen die Sitten der Karthager verdorben (*largitione vetustos pervertit mores Karthaginiensium*). Wie das genau erfolgte, sagt er nicht, nur noch dies: Nach Hasdrubals Tod bekam Hannibal den Oberbefehl über das Heer (in Spanien).

4 Hamilcars Römerhass

(beschriebener Zeitraum: ca. 237–229)

(1) At Hamilcar,
posteaquam mare transiit in Hispaniamque venit,
magnas res secunda gessit fortuna:
Maximas bellicosissimasque gentes subegit,
equis, armis, viris, pecunia totam locupletavit Africam.
(2) Hic,
cum in Italiam bellum inferre meditaretur,
nono anno, postquam in Hispaniam venerat,
in proelio pugnans adversus Vettones occisus est.
(3) Huius perpetuum odium erga Romanos maxime concitasse videtur secundum bellum Poenicum.
Namque Hannibal, filius eius, assiduis patris obtestationibus eo est perductus,
ut interire quam Romanos non experiri mallet.

---

1 post(eā)quam: nachdem
locuplētāre, locuplētō: bereichern, vollstopfen
2 **meditārī,** meditor: erwägen
nōnus, a, um: der neunte
Vettōnēs, um: Vettonen, *lusitanischer Volksstamm an der Westküste Spaniens*

3 **ergā** + *Akk.:* gegen
concitāre, concitō: erregen, verursachen
secundum bellum Poenicum: *218–202 v.Chr.*
(→ Grundwissen 1)
assiduus, a, um: beständig
obtestātiō, ōnis *f.:* Beschwörung

Hannibal

1 Tapferkeit, Klugheit und Hass Hannibals

(Grundsätzliche Einleitung)

(1) Hannibal, Hamilcaris filius, Karthaginiensis.
Si verum est (quod nemo dubitat),
ut populus Romanus omnes gentes virtute superarit,
non est infitiandum Hannibalem tanto praestitisse ceteros imperatores prudentia,
quanto populus Romanus antecedat fortitudine cunctas nationes.
(2) Nam quotienscumque cum eo congressus est in Italia,
semper discessit superior.
Quod nisi domi civium suorum invidia debilitatus esset,
Romanos videtur superare potuisse.
Sed multorum obtrectatio devicit unius virtutem.
(3) Hic autem velut hereditate relictum odium paternum erga Romanos sic conservavit,
ut prius animam quam id deposuerit.
Qui quidem,
cum patria pulsus esset et alienarum opum indigeret,
numquam destiterit animo bellare cum Romanis.

2 Hannibals lebenslanger Hass auf die Römer

(Hannibal schildert im Jahr 190 ein Ereignis aus dem Jahr 237)

(1) Nam ut omittam Philippum, quem absens hostem reddidit Romanis: Omnium iis temporibus potentissimus rex Antiochus fuit. Hunc tanta cupiditate incendit bellandi, ut usque a Rubro mari arma conatus sit inferre Italiae.

1 (1) ut ... superā(ve)rit: *Subjekt(satz) zu* vērum est
īnfitiārī, īnfitior, īnfitiātus sum: leugnen
antecēdere, -cēdō, -cessī, -cesssum: übertreffen
2 quotiēnscumque: immer, wenn; sooft ...
quod: *eigtl. relativ(isch)er Satzanschluss*: in Bezug darauf (sage ich); *hier*: daher
dēbilitāre, dēbilitō: schwächen
obtrectātiō, ōnis *f.*: Missgunst; *die karthagische Opposition sprach sich immer wieder gegen den Italienfeldzug aus und verzögerte so*

den ohnehin schwierigen Nachschub aus der Heimat.
dēvincere, -vincō, -vīcī: überwinden
3 hērēditās, ātis *f.*: Erbschaft, Erbe
paternus, a, um: *Adj. zu* pater
ergā + *Akk.*: gegen
id: *meint* odium
quī: *relativ(isch)er Satzanschluss*
indigēre, indígeō: bedürfen
animō: *Abl. instrumenti*
1 Philippus: → *Zeittafel zu 215 und 204*
absēns, sentis: abwesend; *prädikativ*: in Ab-

(2) Ad quem cum legati venissent Romani,
     qui de eius voluntate explorarent
     darentque operam,
        consiliis clandestinis ut Hannibalem in
        suspicionem regi adducerent,
           tamquam ab ipsis corruptum
           alia atque antea sentire,
  neque id frustra fecissent
  idque Hannibal comperisset
  seque ab interioribus consiliis segregari vidisset,
(3) tempore dato
adiit ad regem,
     eique cum multa de fide sua et odio in Romanos commemorasset,
hoc adiunxit:
»Pater meus«,
inquit,
»Hamilcar, puerulo me, utpote non amplius novem annos nato, in Hispaniam imperator proficiscens Karthagine, Iovi Optimo Maximo hostias immo-
lavit.
(4) Quae divina res dum conficiebatur,
quaesivit a me,
vellemne secum in castra proficisci.
Id cum libenter accepissem atque ab eo petere coepissem,
ne dubitaret ducere,
tum ille
›Faciam‹,
inquit,
›si mihi fidem, quam postulo, dederis.‹

---

wesenheit. *Hannibal führte in Italien Krieg:*
stand durch Boten mit Philipp Verbindung.
Antiochus: → *Zeittafel zu 191–190*
ūsque ā Rubrō marī: (sogar) vom Roten
Meer (aus)
arma īnferre, īnferō, intulī + *Dat.:* mit Truppen angreifen
2 quem: *relativ(isch)er Satzanschluss*
operam dare, dō, **ut:** sich Mühe geben, …
zu …
explorārent, darent: *Konjunktiv im*
Relativsatz: …sollten
clandestīnus, a, um: geheim
in suspiciōnem alicuī addūcere, -dūcō, -dūxī:
bei jdm. in Verdacht bringen
tamquam: als ob
ipsīs: *meint die Römer*
alia atque anteā sentīre, sentiō, sēnsī: eine
andere Meinung haben als vorher

sēque: = et sē
interior, ius, *Gen.* interiōris: vertraulich
sēgregāre, sēgregō: ausschließen
3 puérulus, ī *m.: Verkleinerungsform zu* puer
utpote: nämlich
nōn amplius IX (= novem) annōs nātus:
nicht mehr als neun Jahre alt
imperātor: als Feldherr, als Oberbefehlshaber
Iuppiter Optimus Maximus, Iovis Optimī
Maximī: der beste und größte Jupiter; *Name*
des obersten römischen Gottes, hier auf den
höchsten karthagischen Gott Baal Hammon
übertragen
hostia, ae *f.:* Opfertier
immolāre, immolō: opfern
4 dīvīna rēs, dīvīnae reī *f.:* Opferzeremonie
dūcere, dūcō, dūxī, ductum: mitnehmen
fidem dare, dō: das Versprechen geben, versprechen

Simul me ad aram adduxit,
apud quam sacrificare instituerat,
eamque, ceteris remotis, tenentem iurare iussit numquam me in amicitia cum
Romanis fore.
(5) Id ego iusiurandum, patri datum, usque ad hanc aetatem ita conservavi,
ut nemini dubium esse debeat,
quin reliquo tempore eadem mente sim futurus.
(6) Quare,
si quid amice de Romanis cogitabis,
non imprudenter feceris,
si me celaris.
Cum quidem bellum parabis,
te ipsum frustraberis,
si non me in eo principem posueris.«

Abb. 1: Hannibal schwört am Altar, die Römer zu hassen (Gemälde von Januarius Zick, ca. 1790) → Begleittext 1 zu *Hannibal* c. 2

sacrificāre, sacríficō: opfern
tenentem: *erg.* mē
5 aetās, ātis *f.: Hannibal ist etwa 55 Jahre alt, als er bei Antiochus ist.*
6 quārē: *relativ(isch)er Satzanschluss*
quid: etwas

cēlāre, cēlō + *Akk.:* vor jdm. geheim halten;
cēlā(ve)ris: *Futur II (ohne -ve) zur Verstärkung der Aussage*
frūstrārī, frūstror, frūstrātus sum: um den Erfolg bringen

3 Hannibals Zug nach Italien

(geschilderter Zeitraum: 237–218 v. Chr.)

(1) Hac igitur, qua diximus, aetate cum patre in Hispaniam profectus est. Cuius post obitum Hasdrubale imperatore suffecto, equitatui omni praefuit. Hoc quoque interfecto, exercitus summam imperii ad eum detulit. (2) Id, Karthaginem delatum, publice comprobatum est. Sic Hannibal, minor V et XX annis natus imperator factus, proximo triennio omnes gentes Hispaniae bello subegit; Saguntum, foederatam civitatem, vi expugnavit; tres exercitus maximos comparavit. (3) Ex his unum in Africam misit, alterum cum Hasdrubale fratre in Hispania reliquit, tertium in Italiam secum duxit. Saltum Pyrenaeum transiit. Quacumque iter fecit, cum omnibus incolis conflixit; neminem nisi victum dimisit.

Abb. 2: Jacques-Louis David: Napoleon Bonaparte überquert die Alpen, 1800 → Begleittext 2b zu Hannibal c. 3

Abb. 3: Hannibal überquert die Alpen, kolorierter Holzschnitt von Heinrich Leutemann 1862 (aus: Münchner Bilderbogen: »Die Karthager«), Konstanz, Wessenberg-Bibliothek der Universität → Begleittext 2a zu *Hannibal* c. 3

(4) Ad Alpes posteaquam venit,
  quae Italiam ab Gallia seiungunt,
  quas nemo umquam cum exercitu ante eum praeter
Herculem Graium transierat
    (quo facto is hodie saltus Graius appellatur),
Alpicos
conantes prohibere transitu
concidit,
loca patefecit,
itinera muniit,
effecit,
  ut ea elephantus ornatus ire posset,
    qua antea unus homo inermis vix poterat repere.
Hac copias traduxit in Italiamque pervenit.

Abb. 4: Hannibals Zug von Spanien nach Italien

4 **post(eā)quam:** nachdem
sēiungere, -iungō, -iūnxī, -iūnctum: trennen
Grāius: Grieche, griechisch
Herculēs, is: *der bei Römern populäre Halb-gott, der Ungeheuer auf dem ganzen Erdkreis bekämpfte und dabei auch die Alpen über-quert haben soll*
quō factō: deshalb
Alpicī, ōrum *m.*: Alpenbewohner
trānsitus, ūs *m.*: Übergang

loca patefacere, -faciō, -fēcī, -factum: das Ge-lände gangbar machen
itinera mūnīre, mūniō, mūnīvī: feste Wege anlegen, feste Straßen bauen
eā (*erg.* viā), **quā:** dort, wo
elephantus ōrnātus, elephantī ōrnātī *m.*: Ele-fant mit Kriegsausrüstung
inermis, e: unbewaffnet, ohne Gepäck
rēpere, rēpō, rēpsī, rēptum: kriechen
hāc (*erg.* viā): dort

31

4 Hannibals Erfolge in Italien

(geschilderter Zeitraum: 218–216)

(1) Conflixerat apud Rhodanum cum P. Cornelio Scipione consule eumque pepulerat. Cum hoc eodem Clastidii apud Padum decernit sauciumque inde ac fugatum dimittit.
(2) Tertio idem Scipio cum collega Tiberio Longo apud Trebiam adversus eum venit. Cum his manum conseruit utrosque profligavit. Inde per Ligures Appenninum transit, petens Etruriam.
(3) Hoc itinere adeo gravi morbo afficitur oculorum, ut postea numquam dextro aeque bene usus sit. Qua valetudine cum etiam tum premeretur lecticaque ferretur, C. Flaminium consulem, apud Trasumenum cum exercitu insidiis circumventum, occidit, neque multo post C. Centenium praetorem, cum delecta manu saltus occupantem.
(4) Hinc in Apuliam pervenit. Ibi obviam ei venerunt duo consules, C. Terentius et L. Aemilius. Utriusque exercitus uno proelio fugavit, Paulum consulem occidit et aliquot praeterea consulares, in his Cn. Servilium Geminum, qui superiore anno fuerat consul.

---

1 Rhódanus, ī *m.*: die Rhône, *Fluss in Gallien westlich der Alpen*
P. Cornēlius Scīpiō: *Konsul 218 (→ Begleittext 2)*
Clastidī: = Clastidiī *(Lokativ)* bei Clastidium
Padus, ī *m.*: Po, *Fluss in Oberitalien*
dēcernere cum aliquō: mit jdm. um die Entscheidung kämpfen
2 tertiō: zum dritten Mal
Trebia, ae *m.*: der Trebia, *Nebenfluss des Po*
adversus + *Akk.*: gegen
manum cōnserere, -serō, -seruī **cum aliquō:** jdn. in einen Kampf verwickeln
Lígurēs, um: Ligurier, *italischer Volksstamm an der heutigen Riviera*
Appennīnus, ī *m.*: i.D.: Appenin(en), *Gebirge*
Etrūria, ae: Etrurien, *heute Toscana*
3 morbō afficī, afficior, affectus sum: von einer Krankheit ergriffen werden

dextrō: *erg.* oculō
aequē *Adv.*: gleichermaßen
valētūdō, dinis *f.*: Gesundheitszustand
etiam tum: gerade damals
lectīca, ae *f.*: Sänfte, »Trage«
Trasumēnus (lacus), Trasumēnī lacūs *m.*: Trasimenersee, Trasimenischer See
C. Centēnius: *erster Unterbefehlshaber des anderen Konsuls Servilius Geminus*
dēlēctus, a, um: ausgewählt
saltus, ūs *m.*: (Wald)Schlucht, Pass
Apūlia, ae: Apulien, *Landschaft im Südosten Italiens*
4 obviam: entgegen
C. Terentius Varrō, L. Aemīlius Paulus: *römische Feldherrn in der Schlacht bei Cannae gegen Hannibal*
aliquot: einige

5 Hannibal – in Italien unüberwindlich

(geschilderter Zeitraum: 216–207)

(1) Hac pugna pugnata, Romam profectus est, nullo resistente.
In propinquis urbi montibus moratus est.
Cum aliquot ibi dies castra habuisset et Capuam reverteretur, Q. Fabius Maximus, dictator Romanus, in agro Falerno ei se obiecit.
(2) Hic clausus locorum angustiis noctu sine ullo detrimento exercitus se expedivit Fabioque, callidissimo imperatori, dedit verba.
Namque, obducta nocte, sarmenta, in cornibus iuvencorum deligata, incendit eiusque generis multitudinem magnam, dispalatam, immisit.
Quo repentino obiecto visu, tantum terrorem iniecit exercitui Romanorum, ut egredi extra vallum nemo sit ausus.
(3) Hanc post rem gestam non ita multis diebus M. Minucium Rufum, magistrum equitum pari ac dictatorem imperio, dolo productum, in proelium fugavit.
Tiberium Sempronium Gracchum, iterum consulem, in Lucanis – absens – in insidias inductum, sustulit.
M. Claudium Marcellum, quinquies consulem, apud Venusiam pari modo interfecit.
(4) Longum est omnia enumerare proelia.
Quare hoc unum satis erit dictum, ex quo intellegi possit, quantus ille fuerit:
Quamdiu in Italia fuit, nemo ei in acie restitit, nemo adversus eum post Cannensem pugnam in campo castra posuit.

---

1 Capua, ae *f.*: Stadt in Kampanien
Q. Fabius Māximus dictātor Rōmānus: → *Begleittext 1a, Zeittafel zu 217 und 209*
ager Falernus, agrī Falernī *m.*: das falernische Gebiet *im nördlichen Kampanien*
2 dētrimentum, ī *n.*: Schaden, Verlust
expedīre, -pediō, -pedīvī, -peditum: befreien
verba dare, dō **alicuī:** jdn. zum Narren halten
obdūcere, -dūcō, -dūxī, -ductum: darüberlegen, *Pass.:* hereinbrechen, sich ausbreiten
sarmenta, ōrum *n.*: Zweige
iuvencus, ī *m.*: Stier
dēligāre, dēligō: festbinden
dispālārī, -pālor, -pālātus sum: umherlaufen, sich verteilen
immittere, -mittō, -mīsī, -missum: laufen lassen
repentīnus, a, um: plötzlich
obicere, -iciō, -iēcī, -iectum: entgegenwerfen, vorsetzen, *Pass. hier:* vor Augen gestellt werden, in den Blick kommen
vīsus, ūs *m.*: Anblick
inicere, -iciō, -iēcī, -iectum: einjagen, einflößen
3 Mārcus Minucius Rūfus: *hatte als magister*
equitum (Reiteroberst) ausnahmsweise die gleichen Befugnisse wie der Diktator, → Begleittext 2 zu c. 4
pār ac, *Gen.* paris ac: gleich wie
parī ... imperiō: *Abl. qualitatis, Attribut zu* magister equitum
Tiberius Semprōnius Gracchus: *Konsul 215 und 213, fiel 212*
Lūcānī, ōrum: die Lukaner, *italisches Volk südlich von Kampanien*
absēns, absentis: ohne selbst anwesend *oder* dabei zu sein; *Hannibal belagerte gleichzeitig Tarent*
Mārcus Claudius Mārcellus: *fiel 208*
quīnquiēs cōnsul: zum fünften Mal Konsul
Venūsia, ae: *Stadt in Apulien*
4 longum est: es würde zu weit führen
ēnumerāre, ēnumerō: aufzählen
quārē: daher
quamdiū: solange
adversus + *Akk.*: gegen
in campō: auf freiem Felde

6 Die Niederlage bei Zama bricht Hannibal nicht

(geschilderter Zeitraum: 207–201)

(1) Hinc, invictus, patriam defensum revocatus, bellum gessit adversus P. Scipionem, filium eius, quem ipse primo apud Rhodanum, iterum apud Padum, tertio apud Trebiam fugarat.
(2) Cum hoc – exhaustis iam patriae facultatibus – cupivit impraesentiarum bellum componere, quo valentior postea congrederetur. In colloquium convenit, condiciones non convenerunt.
(3) Post id factum paucis diebus apud Zamam cum eodem conflixit; pulsus – incredibile dictu! – biduo et duabus noctibus Hadrumetum pervenit, quod abest ab Zama circiter milia passuum trecenta.
(4) In hac fuga Numidae, qui simul cum eo ex acie excesserant, insidiati sunt ei. Quos non solum effugit, sed etiam ipsos oppressit. Hadrumeti reliquos e fuga collegit. Novis dilectibus paucis diebus multos contraxit.

7 Hannibals politische Leistung und seine Flucht aus Karthago

(geschilderter Zeitraum: 201–195)

(1) Cum in apparando acerrime esset occupatus, Karthaginienses bellum cum Romanis composuerunt. Ille nihilo setius exercitui postea praefuit resque in Africa gessit (itemque Mago frater eius) usque ad P. Sulpicium C. Aurelium consules.

1 **dēfēnsum** *(sog. Supinum I):* um zu verteidigen
2 **exhaurīre**, -hauriō, -hausī, -haustum: erschöpfen, auslaugen
impraesentiārum: bei der augenblicklichen Lage, für den Augenblick
bellum compōnere, -pōnō, -posuī, -positum: den Krieg beenden
valēns, *Gen.* valentis: stark
convenīre, -veniō, -vēnī: kommen, passen
3 **Zama**: *Stadt südwestlich von Karthago*
incrēdibilis, e: unglaublich
dictū *(sog. Supinum II)*: zu sagen
bīduum, ī *n.*: (Zeitraum von) zwei Tage(n)
Hadrūmētum, ī *n.: Küstenstadt südlich von Karthago*
circiter: etwa
mīlia passuum: Meilen

trecentī, ae, a: dreihundert
4 **Numidae**, ārum *m.*: Numider, *Volk südwestlich von Karthago, aus dem viele Söldner in Hannibals Heer stammten*
īnsidiārī, -sidior, -sidiātus sum + *Dat.:* nachstellen, überfallen
Hadrūmētī (*Lokativ*): in Hadrumetum
dilēctus, ūs *m.*: Aushebung, Anwerbung *(von Soldaten).*
1 **apparāre**, ápparō: rüsten
bellum compōnere, -pōnō, -posuī, -positum: den Krieg beenden
nihilō sētius: nichtsdestoweniger, trotzdem
rēs gerere, gerō, gessī: den Oberbefehl über das Heer haben
Pūblius Sulpicius Galba, Gāius Aurēlius Cotta: *römische Konsuln des Jahres 200*

Abb. 5: Karthago mit Seemauer und zwei Häfen (Rekonstruktion)

(2) His enim magistratibus legati Karthaginienses Romam venerunt, qui senatui populoque Romano gratias agerent, quod cum iis pacem fecissent, ob eamque rem corona aurea eos donarent simulque peterent, ut obsides eorum Fregellis essent captivique redderentur.

(3) His ex senatus consulto responsum est: munus eorum gratum acceptumque esse; obsides, quo loco rogarent, futuros; captivos non remissuros, quod

2 hīs ... magistrātibus *(Abl. + Prädikativum/ Abl. abs.):* unter ihrer Amtsführung
agerent: *finaler Konjunktiv* (»Dank sagen sollten«)
ob eamque: = et ob eam
corōna aurea, corōnae aureae *f.*: goldene Krone, *Geschenk für siegreiche Könige und Feldherrn*

Fregellae: *Stadt in Latium,* **Fregellīs:** *Abl. loci* (»*des Ortes*«). *Die Geiseln waren an verschiedenen Orten untergebracht und wollten zusammen in einer Stadt leben.*
3 ex + *Abl.:* entsprechend, gemäß
acceptus, a, um: angenehm, willkommen
quō locō rogārent: an dem Ort, an dem sie es wünschten

Hannibalem, cuius opera susceptum bellum foret, inimicissimum nomini Romano, etiam nunc cum imperio apud exercitum haberent itemque fratrem eius Magonem.

(4) Hoc responso Karthaginienses cognito Hannibalem domum et Magonem revocaverunt. Huc ut rediit, rex factus est, postquam praetor fuerat, anno secundo et vicesimo; ut enim Romae consules, sic Karthagine quotannis annui bini reges creabantur.

(5) In eo magistratu pari diligentia se Hannibal praebuit, ac fuerat in bello. Namque effecit, ex novis vectigalibus non solum ut esset pecunia, quae Romanis ex foedere penderetur, sed etiam superesset, quae in aerario reponeretur. **(6)** Deinde anno post M. Claudio L. Furio consulibus Roma legati Karthaginem venerunt. Hos Hannibal ratus sui exposcendi gratia missos, priusquam iis senatus daretur, navem ascendit clam atque in Syriam ad Antiochum profugit. **(7)** Hac re palam facta, Poeni naves duas, quae eum comprehenderent, si possent consequi, miserunt, bona eius publicarunt, domum a fundamentis disiecerunt, ipsum exulem iudicarunt.

---

remissūrōs: *erg.* sē esse
foret: = esset
4 respōnsum, ī *n.:* Antwort
hūc: hierher; *Nepos schildert gleichsam aus der Nähe;* → *Grundwissen 5, Nr. 8*
ut: sobald
rēx: *lateinische Entsprechung für »Suffet« (höchster karthagischer Amtsträger)*
praetor: *hier dasselbe wie* imperātor
secundus et vīcēsimus: zweiundzwanzigster
quotannīs *Adv.:* jährlich
annuus, a, um: für ein Jahr
bīnī, ae, a: je zwei
5 pār ac, *Gen.* paris ac: gleich wie
ex novīs: *steht betont vor der Konjunktion* ut
esse, est: vorhanden sein
superesset: *erg.* pecūnia
aerārium, ī *n.:* Staatskasse; → *Begleittext 1 zu c. 7*
repōnere, -pōnō, -posuī, -postum: zurücklegen, aufsparen
penderētur, repōnerētur: *Konjunktive mit konsekutivem Sinn* (»gezahlt werden konnte«, »zurückgelegt werden konnte«)

6 annō post: ein Jahr später
Mārcus Claudius Mārcellus, Lūcius Fūrius: *Konsuln 196*
ratus: in der Meinung; *von* rērī, reor, ratus sum: glauben; *davon abh. der A.c.i.* hōs missōs (esse)
suī exposcendī: *Gen. zu* sē exposcere: seine Auslieferung (zu) verlangen
grātiā *nach Gen.:* wegen
priusquam darētur *(potentialer Konjunktiv):* bevor noch … gegeben werden konnte
Antiochus, Syria: → *Begleittext zu c. 8 und Zeittafel zu 195 und 191–190*
7 palam fierī, fit, factum est: bekannt werden
comprehenderent: *Konjunktiv im final gefärbten Relativsatz* (»ergreifen sollten«)
bona, ōrum *n.:* Güter, Besitz
pūblicāre: verstaatlichen
ā fundāmentīs disicere, -iciō, -iēcī: »von den Grundmauern her auseinanderwerfen«, bis auf die Grundmauern zerstören
ex(s)ulem iūdicāre: durch Gerichtsurteil zum Verbannten erklären

8 Hannibal bei Antiochus

(geschilderter Zeitraum: 195–190)

(1) At Hannibal anno tertio, postquam domo profugerat, L. Cornelio Q. Minucio consulibus, cum quinque navibus Africam accessit in finibus Cyrenaeorum, si forte Karthaginienses ad bellum Antiochi spe fiduciaque inducere posset, cui iam persuaserat, ut cum exercitibus in Italiam proficisceretur. **(2)** Huc Magonem fratrem excivit. Id ubi Poeni resciverunt, Magonem eadem, qua fratrem, absentem adfecerunt poena. Illi, desperatis rebus, cum solvissent naves ac vela ventis dedissent, Hannibal ad Antiochum pervenit – de Magonis interitu duplex memoria prodita est: namque alii naufragio, alii a servolis ipsius interfectum eum scriptum reliquerunt.
(3) Antiochus autem si tam in agendo bello consiliiis eius parere voluisset, quam in suscipiendo instituerat, propius Tiberi quam Thermopylis de summa imperii dimicasset. Quem etsi multa stulte conari videbat, tamen nulla deseruit in re. **(4)** Praefuit paucis navibus, quas ex Syria iussus erat in Asiam ducere, iisque adversus Rhodiorum classem in Pamphylio mari conflixit. Quo cum multitudine adversariorum sui superarentur, ipse, quo cornu rem gessit, fuit superior.

---

1 Lūcius Cornēlius Scīpiō, Quīntus Minucius Thermus: *Konsuln 193*
Cȳrēnaeī, ōrum: Kyrenäer, *Volk im Osten Karthagos*
sī forte: (um zu versuchen,) ob vielleicht
Antiochī: *zu* spē fīdūciāque; *Antiochus III. von Syrien versuchte seit 198, seinen Machtbereich nach Westen auszudehnen; dies wollten die Römer verhindern*
excíēre, -cíeō, -cīvī: kommen lassen
2 rescīscere, -scīscō, -scīvī: erfahren
poenā adficere, -ficiō, -fēcī: mit einer Strafe belegen
eādem: *zu* poenā
quā frātrem: *erg.* adfēcerant
illī: *meint Hannibal und Mago*
rēs dēspērāre, dēspērō: die Hoffnung auf Erfolg / Besserung aufgeben
dēspērātīs rēbus: *Abl. + Prädikativum / Abl. abs.:* »sie gaben die Hoffnung auf Erfolg auf und...«; »enttäuscht...«
nāvēs solvere, solvō, solvī, solūtum: Anker lichten
vēla ventīs dare, dō: »die Segel den Winden aussetzen«, die Segel hissen
interitus, ūs *m.*: Untergang
duplex, *Gen.* duplicis: zweifach

naufragium, ī *n.*: Schiffbruch
servolus, ī *m.*: *Verkleinerungsform zu* servus
scrīptum relinquere, -linquō, -līquī, -lictum + *A.c.i.*: schriftlich hinterlassen, überliefern, dass
3 eius: *meint Hannibal*
propius + *Dat.:* näher (an)
Tiberis, is *m.*: Tiber *(der durch Rom fließt)*
Thermópylae, ārum *f.*: Thermópylen, *Gebirgspass im Süden Thessaliens, berühmt durch den langen Widerstand, den dort 480 v.Chr. 300 Spartaner und 700 Thespier gegen das riesige Heer des Perserkönigs Xerxes leisteten; hier wurde Antiochus 191 von den Römern geschlagen.*
summa imperiī, summae imperiī *f.*: Vorherrschaft
vidēbat: *nämlich Hannibal*
4 Asia, ae *f.*: Kleinasien
iīs: *Abl. instrumenti*
Rhodiī, ōrum: Rhodier, *Verbündete der Römer*
mare Pamphȳlium: das Pamphylische Meer *(vor dem südlichen Kleinasien)*
quō (*erg.* locō): *meint in* Pamphȳliō marī *und steht als Rückverweis noch vor der Gliedsatzeinleitung* cum

9 Hannibal überlistet die Kreter

(geschilderter Zeitraum: 189)

(1) Antiocho fugato verens, ne dederetur – quod sine dubio accidisset, si sui fecisset potestatem –, Cretam ad Gortynios venit, ut ibi, quo se conferret, consideraret.

(2) Vidit autem vir omnium callidissimus in magno se fore periculo, nisi quid providisset, propter avaritiam Cretensium. Magnam enim secum pecuniam portabat, de qua sciebat exisse famam.

(3) Itaque capit tale consilium: Amphoras complures complet plumbo, summas operit auro et argento. Has praesentibus principibus deponit in templo Dianae, simulans se suas fortunas illorum fidei credere. His in errorem inductis, statuas aeneas, quas secum portabat, omnes sua pecunia complet easque in propatulo domi abicit.

(4) Gortynii templum magna cura custodiunt, non tam a ceteris quam ab Hannibale, ne ille, inscientibus iis, tolleret secumque duceret.

10–11 Eine Seeschlacht mit geplanten Überraschungen

(geschilderter Zeitraum: 189 – ca. 185)

10 (1) Sic conservatis suis rebus, Poenus, illusis Cretensibus omnibus, ad Prusiam in Pontum pervenit. Apud quem eodem animo fuit erga Italiam neque aliud quicquam egit, quam regem armavit et exercuit adversus Romanos.

---

1 Antiochō fugātō: *Abl. + Präd / Abl. abs.: Antiochus wurde 190 v.Chr. besiegt*
potestās, ātis *f.: hier:* Zugriffsmöglichkeit
Crēta: die Insel Kreta im Mittelmeer (Einwohner: **Crētēnsēs,** ium) mit der Hauptstadt Gortyn (Einwohner: **Gortȳniī,** ōrum)
quō sē cōnferret: *Objekt(satz) zu* cōnsiderāret
2 (ali)quid prōvidēre, -videō, -vīdī, -vīsum: Vorsichtsmaßnahmen treffen
dē quā exīsse fāmam: *relativ(isch)e Verschränkung,* → *Grammatik, S. 14*
3 ámphora, ae *f.:* Amphore, *großes Vorratsgefäß aus Ton, unten spitz zulaufend, damit man es ins Erdreich stecken kann, oben mit zwei Handgriffen zum Tragen*
plumbum, ī *n.:* Blei
summās (*prädikativ, zu* amphorās): ganz oben

prīncipēs, um *m.:* Stadtoberhäupter
Diāna, ae: *römische Göttin, der griechischen Jagd- und Naturgöttin Artemis gleichgesetzt*
simulāre, simulō + *A.c.i.:* so tun, als ob
aēneus, a, um: ehern, *aus Erz; antike Metallstatuen wurden im Hohlgussverfahren hergestellt*
prōpatulum, ī *n.:* Vorhalle
abicere, -iciō, -iēcī, -iectum: hinwerfen, (achtlos) abstellen
4 īnscientibus iīs (*Abl. + Prädikativum / Abl. abs.*): ohne ihr Wissen
1 Prūsiās, ae: Prusias, *236–186 König von Pontus (Bithynien) am Schwarzen Meer; politisch neutral gegenüber Rom*
ergā + *Akk.:* gegen
Italia, ae: Italien (*als Kernland des römischen Reiches*)

(2) Quem cum videret domesticis opibus minus esse robustum, conciliabat ceteros reges, adiungebat bellicosas nationes. Dissidebat ab eo Pergamenus rex Eumenes, Romanis amicissimus, bellumque inter eos gerebatur et mari et terra.

(3) Quo magis cupiebat eum Hannibal opprimi. Sed utrobique Eumenes plus valebat propter Romanorum societatem. Quem si removisset, faciliora sibi cetera fore arbitrabatur.

(4) Ad hunc interficiendum talem iniit rationem: Classe paucis diebus erant decreturi. Superabatur navium multitudine; dolo erat pugnandum, cum par non esset armis. Imperavit quam plurimas venenatas serpentes vivas colligi easque in vasa fictilia conici.

(5) Harum cum effecisset magnam multitudinem, die ipso, quo facturus erat navale proelium, classiarios convocat iisque praecipit, omnes ut in unam Eumenis regis concurrant navem, a ceteris tantum satis habeant se defendere.

(6) Id illos facile serpentium multitudine consecuturos. Rex autem in qua nave veheretur, ut scirent, se facturum. Quem si aut cepissent aut interfecissent, magno iis pollicetur praemio fore.

Abb. 6a: Karthagisches Kriegsschiff (Relief)

2 rōbustus, a, um: stark
quem ... rōbustum: *A.c.i. zu* vidēret
conciliāre, conciliō: *(zu einem Bündnis)* gewinnen
dissidēre, dissideō ā: verfeindet sein mit
Pergamēnus, a, um: von Pergamon, *der Hauptstadt des Pergamenischen Reiches (in Kleinasien)*
Eumenēs, is: Eumenes III., *197–159 König von Pergamon*
3 quō magis: umso mehr
utrobīque: auf beiden (Kriegs)Schauplätzen
plūs valēre, valeō: überlegen sein
4 ratiōnem inīre, -eō, -īī, -itum: einen Plan schmieden
dēcernere, -cernō, -crēvī cum aliquō: mit jdm.

um die Entscheidung kämpfen
serpēns venēnāta, serpentis venēnātae *f.*: Giftschlange
vās fíctile, vāsis fíctilis *n.*: Tongefäß
conicere, -iciō, -iēcī, -iectum: *hier:* hineinstecken, einsperren
5 nāvāle proelium, nāvālis proeliī *n.*: Seeschlacht
classiārius, ī *m.*: Marinesoldat
satis habēre, habeō: sich damit begnügen
6 rēx ... veherētur: *Objekt(satz) zu* scīrent
ut scīrent: *Objekt(satz) zu* factūrum
illōs cōnsecūtūrōs, sē factūrum (esse): *indirekte Rede*
alicuī māgnō praemiō esse: jdm. große Belohnung einbringen

39

Abb. 6b: Karthagisches Kriegsschiff (Rekonstruktion)

11 (1) Tali cohortatione militum facta, classis ab utrisque in proelium deducitur. Quarum acie constituta, priusquam signum pugnae daretur, Hannibal, ut palam faceret suis, quo loco Eumenes esset, tabellarium in scapha cum caduceo mittit.

(2) Qui ubi ad naves adversariorum pervenit epistulamque ostendens se regem professus est quaerere, statim ad Eumenem deductus est, quod nemo dubitabat, quin aliquid de pace esset scriptum. Tabellarius – ducis nave declarata suis – eodem, unde erat egressus, se recepit.

(3) At Eumenes, soluta epistula, nihil in ea repperit nisi, quae ad irridendum eum pertinerent. Cuius etsi causam mirabatur neque reperiebat, tamen proelium statim committere non dubitavit.

(4) Horum in concursu Bithynii Hannibalis praecepto universi navem Eumenis adoriuntur. Quorum vim rex cum sustinere non posset, fuga salutem petit; quam consecutus non esset, nisi intra sua praesidia se recepisset, quae in proximo litore erant collocata.

1 **cohortātiō**, ōnis *f.*: motivierende Ansprache an, Instruktion
utrīque (*Pl.*): (jede von) beide(n) Seiten
aciem cōnstituere, -stituō, -stituī, -stitūtum: eine Schlachtordnung aufstellen, die Front formieren
priusquam darētur (*potentialer Konjunktiv*): bevor noch … gegeben werden konnte
palam facere, faciō, fēcī, factum: kenntlich, deutlich machen
tabellārius, ī *m.*: (Brief)Bote
scapha, ae *f.*: Boot
cādūceus, ī *m.*: Heroldsstab, *ein langer Stab,*
den ein Unterhändler vor sich her trägt, damit er von den Gegnern als Gesandter erkannt wird
2 **eōdem, unde:** dorthin, woher
3 **epistulam solvere**, solvō, solvī, solūtum: den Brief öffnen
pertinēre, pertinet ad: zu etw. dienen
4 **concursus**, ūs *m.*: Zusammentreffen
Bīthȳnī, ōrum: Bithynier, *aus Thrakien eingewandertes Volk, Bewohner von Pontus; ihr König war Prusias (10,1)*
praeceptum, ī *n.*: Anweisung

(5) Reliquae Pergamenae naves cum adversarios premerent acrius, repente in eas vasa fictilia, de quibus supra mentionem fecimus, conici coepta sunt. Quae iacta initio risum pugnantibus concitarunt, neque, quare id fieret, poterat intellegi.

(6) Postquam autem naves suas oppletas conspexerunt serpentibus, nova re perterriti, cum, quid potissimum vitarent, non viderent, puppes verterunt seque ad sua castra nautica rettulerunt.

(7) Sic Hannibal consilio arma Pergamenorum superavit, neque tum solum, sed saepe alias pedestribus copiis pari prudentia pepulit adversarios.

12 Hannibals Tod

(geschilderter Zeitraum: 183)

(1) Quae dum in Asia geruntur, accidit casu, ut legati Prusiae Romae apud T. Quintium Flamininum consularem cenarent atque ibi, de Hannibale mentione facta, ex iis unus diceret eum in Prusiae regno esse.

(2) Id postero die Flamininus senatui detulit. Patres conscripti, qui, Hannibale vivo, numquam se sine insidiis futuros existimarent, legatos in Bithyniam miserunt – in his Flamininum –, qui ab rege peterent, ne inimicissimum suum secum haberet sibique dederet.

(3) His Prusia negare ausus non est; illud recusavit, ne id a se fieri postularent, quod adversus ius hospitii esset: Ipsi, si possent, comprehenderent; locum, ubi esset, facile inventuros. Hannibal enim uno loco se tenebat, in cas-

---

5 mentiōnem facere, faciō dē: jdn. *oder* etw. erwähnen
conicere, -iciō, -iēcī, -iectum: schleudern
initiō: anfangs
rīsum concitāre, concitō + *Dat.*: bei jdm Gelächter erregen
6 opplēre, -pleō, -plēvī, -plētum: anfüllen
potissimum: zuerst, als erstes (*KNG-kongruent zu* quid)
puppēs vertere, vertō, vertī: »die einzelnen Schiff(sdeck)e wenden«, abdrehen
sē referre, mē referō, rettulī: zurückkehren
castra nautica, castrōrum nauticōrum *n. Pl.*: Seestützpunkt
7 aliās: zu anderer Gelegenheit
pedestrēs cōpiae, pedestrium cōpiārum *f. Pl.*: Landtruppen
1 quae: *relativ(isch)er Satzanschluss*

Titus Quīnctius Flāminīnus: *römischer Konsul 198*, → *Begleittext zu c. 8*
mentiōnem facere, faciō dē: erwähnen
2 exīstimārent: *Konj. mit kausalem Sinn*
peterent: *Konj. mit finalem Sinn*
sēcum: *meint Prusias*
nē ... -que: dass ... nicht ..., sondern
3 illud recūsāre, nē: sich dagegen sträuben, dass; verweigern, dass
ā sē: *meint Prusias*
adversus + *Akk.*: gegen
iūs hospitiī, iūris hospitiī *n.*: Gastrecht
... comprehenderent: *Wunschsatz in indirekter Rede*
inventūrōs (*erg.* eōs esse): *indirekte Rede*
locō: *steht regelmäßig ohne Präposition*
sē tenēre, mē teneō: sich aufhalten

tello, quod ei a rege datum erat muneri, idque sic aedificarat, ut in omnibus partibus aedificii exitus haberet, scilicet verens, ne usu veniret, quod accidit.
(4) Huc cum legati Romanorum venissent ac multitudine domum eius circumdedissent, puer, ab ianua prospiciens, Hannibali dixit plures praeter consuetudinem armatos apparere. Qui imperavit ei, ut omnes fores aedificii circumiret ac propere sibi nuntiaret, num eodem modo undique obsideretur.
(5) Puer cum celeriter, quid esset, renuntiasset omnisque exitus occupatos ostendisset, sensit id non fortuito factum, sed se peti neque sibi diutius vitam esse retinendam. Quam ne alieno arbitrio dimitteret, memor pristinarum virtutum, venenum, quod semper secum habere consuerat, sumpsit.

Abb. 7: Hannibals Tod (Radierung von Heinrich Leutemann
→ Begleittext 3c zu *Hannibal* c. 3)

mūnerī (*Dat. finalis, von* mūnus) **dare,** dō:
zum Geschenk geben
sīc …, ut: so …, dass
exitus, ūs *m.*: Ausgang
ūsū venīre, venit: sich ereignen
4 hūc: hierher; *Nepos schildert aus der Nähe;*
→ *Grundwissen 5, Nr. 8*
prōspicere, -spiciō, -spēxī, -spectum: Ausschau halten
plūrēs praeter cōnsuētūdinem: mehr als gewöhnlich
appārēre, appāruī: erscheinen, sich zeigen
foris, is *f.*: Tür
circumīre, circúmeō, circúmiī, circúmitum:
ringsum gehen zu
properē *Adv.*: eilends
5 omnīs: = omnēs → *Grammatik, S. 13*
fortuītō *Adv.*: zufällig
dīmittere, -mittō, -mīsī, -missum: verlieren

13 Hannibals literarische Bedeutung

(Schlusswürdigung)

(1) Sic vir fortissimus, multis variisque perfunctus laboribus, anno acquievit septuagesimo. Quibus consulibus interierit, non convenit. Namque Atticus M. Claudio Marcello Q. Fabio Labeone consulibus mortuum in annali suo scriptum reliquit, at Polybius L. Aemilio Paulo Cn. Baebio Tamphilo, Sulpicius autem Blitho P. Cornelio Cethego M. Baebio Tamphilo.
(2) Atque hic tantus vir tantisque bellis districtus nonnihil temporis tribuit litteris. Namque aliquot eius libri sunt, Graeco sermone confecti, in eis ad Rhodios de Cn. Manlii Volsonis in Asia rebus gestis.
(3) Huius belli gesta multi memoriae prodiderunt, sed ex his duo, qui cum eo in castris fuerunt simulque vixerunt, quamdiu fortuna passa est: Silenus et Sosylus Lacedaemonius. Atque hoc Sosylo Hannibal litterarum Graecarum usus est doctore.

Übersetzung
(1) So ist der ausnehmend tapfere Mann, nachdem er viele und mannigfache Anstrengungen ausgehalten hat, im siebzigsten Jahr zur Ruhe gekommen. In welchem Konsulatsjahr er zu Tode gekommen ist, ist strittig. Denn Atticus hat in seiner Chronik schriftlich überliefert, er sei im Konsulatsjahr des Marcus Claudius Marcellus und des Quintus Fabius Labeo gestorben, hingegen Polybius im Konsulatsjahr des Lucius Aemilius Paulus und des Gnaeus Baebius Tamphilus, Sulpicius Blitho aber im Konsulatsjahr des Publius Cornelius Cethegus und des Marcus Baebius Tamphilus.
(2) Und dieser so große und von so großen Kriegen in Anspruch genommene Mann hat nicht wenig Zeit auf die Literatur verwendet. Denn es gibt einige Bücher von ihm, in griechischer Sprache verfasst, darunter das an die Rhodier gerichtete Werk über die Taten des Gnaeus Manlius Volso in Asien.
(3) Hannibals Kriegstaten haben viele (in ihren Schriften) überliefert, aber vor allem zwei, die zusammen mit ihm im Krieg (im Kriegslager) waren und

---

1 **septuāgēsimus**, a, um: siebzigster *(Hannibal war 183 aber erst 63 Jahre alt); die Zahl 70 gilt als Zahl eines erfüllten langen Lebens*
Titus Pompōnius Atticus: → *Einleitung 3 (Cornelius Nepos)*
Mārcus Claudius Mārcellus, Quīntus Fabius Labeō: *Konsuln 183*
Polybius: → *Einleitung 3 (Polybios)*
Lūcius Aemīlius Paulus, Cnaeus Baebius Tamphilus: *Konsuln 182 v.Chr.*
Sulpicius Blithō: *römischer Historiker*
P. Cornēlius Cethēgus, Mārcus Baebius

Tamphilus: *Konsuln 181*
2 **litterae**, ārum *f.*: Literatur; *Hannibals Schriften waren möglicherweise Propagandabriefe, die die Einwohner römisch kontrollierter Gebiete im Osten aufforderten, sich gegen die römische Vorherrschaft aufzulehnen*
Cnaeus Mānlius Volsō: *hatte 189 die Gallier in Kleinasien besiegt und 188 den Frieden zwischen Antiochus und Rom geschlossen*
3 **Sōsylus, Silēnus**: *griechische Historiker, möglicherweise von Polybios, mit Sicherheit von Nepos als Quelle benutzt*

zugleich mit ihm lebten, solange es das Schicksal zuließ, Silenus und Sosylus aus Sparta. Und genau diesen Sosylus hat Hannibal als Lehrer der griechischen Schrift und Literatur gehabt.

Livius über Hannibal

In seinem Geschichtswerk *Ab urbe condita* (»Von der Stadtgründung an«) gibt Titus Livius (59 v.Chr. – 17 n.Chr.) folgende Darstellung über Hannibals Entsendung in das Heer Hasdrubals nach Spanien und über Hannibals Charakter (*Ab urbe condita* 21,4):

(1) Missus Hannibal in Hispaniam primo statim adventu omnem exercitum in se convertit.

(2) Hamilcarem iuvenem redditum sibi veteres milites credere.

(3) Eundem vigorem in vultu vimque in oculis, habitum oris lineamentaque intueri.

(4) Deinde brevi effecit, ut pater in se minimum momentum ad favorem conciliandum esset.

(5) Numquam ingenium idem ad res diversissimas, parendum atque imperandum, habilius fuit.

(6) Itaque haud facile discerneres, utrum imperatori an exercitui carior esset. Neque Hasdrubal alium quemquam praeficere malle, ubi quid fortiter ac strenue agendum esset, neque milites alio duce plus confidere aut audere.

(7) Plurimum audaciae ad pericula capessenda, plurimum consilii inter ipsa pericula erat.

(8) Nullo labore aut corpus fatigari aut animus vinci poterat.

(9) Caloris ac frigoris patientia par; cibi potionisque desiderio naturali, non voluptate modus finitus; vigiliarum somnique nec die nec nocte discriminata tempora; id, quod gerendis rebus superesset, quieti datum; ea neque molli strato neque silentio accersita; multi saepe militari sagulo opertum humi iacentem inter custodias stationesque militum conspexerunt.

(10) Vestitus nihil inter aequales excellens: arma atque equi conspiciebantur.

(11) Equitum peditumque idem longe primus erat; princeps in proelium ibat, ultimus conserto proelio excedebat.

(12) Has tantas viri virtutes ingentia vitia aequabant: inhumana crudelitas, perfidia plus quam Punica, nihil veri, nihil sancti, nullus deum metus, nullum ius iurandum, nulla religio.

(13) Cum hac indole virtutum atque vitiorum triennio sub Hasdrubale imperatore meruit – nulla re, quae agenda videndaque magno futuro duci esset, praetermissa.

Übersetzung

1) Hannibal wurde nach Spanien geschickt und zog sofort bei seiner Ankunft die Aufmerksamkeit des ganzen Heeres auf sich.

(2) Der junge Hamilcar sei ihnen wieder gegeben, glaubten die alten Soldaten.

(3) Genau dieselbe Lebenskraft sahen sie in seinem Blick, dieselbe Stärke in seinen Augen, dieselbe Haltung und dieselben Züge des Gesichts.

(4) Dann gelang es ihm in kurzer Zeit, dass der Vater bei ihm den geringsten Ausschlag dafür gab, Gunst für sich zu erlangen.

(5) Niemals war ein und dieselbe Veranlagung für total verschiedene Dinge, nämlich Gehorchen und Befehlen, geeigneter.

(6) Daher hättest du nicht leicht entscheiden können, ob er dem Feldherrn oder dem Heer mehr am Herzen lag. Weder wollte Hasdrubal lieber irgendjemand anderem die Führung übertragen, sobald etwas mit Tapferkeit und Einsatz zu tun war, noch setzten die Soldaten in einen anderen Führer größeres Vertrauen oder riskierten mehr.

(7) Sehr stark war die Risikofreude bei der Übernahme gefährlicher Aktionen, sehr stark die kluge Überlegung in den Gefahren selbst.

(8) Durch keinerlei Strapaze konnte sein Körper erschöpft oder sein Geist besiegt werden.

(9) Ertragen von Hitze und Kälte: gleich groß. Das Maß von Essen und Trinken war von natürlichem Verlangen, nicht von Sucht bestimmt. Für Wachen und Schlaf waren die Zeiten nicht durch Tag und nicht durch Nacht bestimmt; das, was von aktiver Bewältigung der Aufgaben übrig war, wurde der Ruhe gegeben; sie wurde weder mit einem weichen Lager noch mit Stille herbeigeholt; viele haben ihn oft gesehen, wie er nur mit einem Soldatenmäntelchen bedeckt zwischen den Wachen und Posten der Soldaten auf dem Boden lag.

(10) Seine Kleidung hob sich nicht unter den Altersgenossen ab: Waffen und Pferde weckten die Aufmerksamkeit.

(11) Unter Reitern und Infanteristen war er gleichermaßen bei weitem der erste; allen voran ging er immer in die Schlacht, war das Gefecht zu Ende, ging er immer als letzter vom Schlachtfeld.

(12) Diesen so großen Charaktereigenschaften kamen ungeheure Charakterfehler gleich: unmenschliche Grausamkeit, mehr als punische Treulosigkeit, nichts Wahres, nichts heiliges, keinerlei Furcht vor den Göttern, keinerlei Eidestreue, keinerlei Achten auf die Götter.

(Anmerkung: *perfidia Punica*, »punische Treulosigkeit«, war ein Schlagwort der durch Vertragsbrüche enttäuschten Römer.)

(13) Mit dieser angeborenen Beschaffenheit seiner Charaktertugenden und Charakterfehler hat er drei Jahre lang unter dem Oberbefehlshaber Hasdrubal gedient – keine Sache, die ein großer zukünftiger Führer tun und beachten musste, wurde dabei ausgelassen.

VI. Arbeitsaufträge und Begleittexte

Arbeitsaufträge zu *Hamilcar* 1

1. Arbeite Besonderheiten im Satzbau (Abfolge von Glied- und Hauptsätzen) und in der Wortstellung (→ Grundwissen 5, Nr. 10) heraus und erläutere die Wirkungen.
2. a) Schreibe alle Ablativformen aus c. 1 heraus, bestimme sie und gib die jeweilige semantische Aufgabe (also die Bedeutungsrichtung → Begleittext 2) nach dem unten stehenden Muster an.
   b) Welche der adverbialen Bestimmungen im Ablativ und welche Ablative mit Prädikativum (Ablativi ab-soluti) machen die Darstellung dramatisch?
3. a) Welche Wesenszüge hebt Nepos an Hamilcar hervor?
   b) Welcher Wesenszug prägt den Anfang, welcher die Mitte, welcher den Schluss des Kapitels?
4. Beurteile die römischen Forderungen, Hamilcars Reaktion und den Charakter des Vertragsschlusses (→ Begleittext 1).
5. Was lässt Nepos in seiner Biographie aus, was betont er besonders (zum Beispiel durch Wiederholungen und breite Darstellung)?

Muster zu Arbeitsauftrag 2a

Wort	Form	Großgruppe	Bedeutungsrichtung (evtl. spezielle Bezeichnung)
cognomine	Abl. Sg. n.	Abl. originis	Bezugspunkt (Abl. respectus, »des Bezugspunkts«)
primo Poenico bello	Abl. Sg. n.	Abl. temporis	Zeitangabe
occasione data	Abl. Sg. f.	Ablativ + Prädikativum	hier Zeitangabe
cupiditate	Abl. Sg. f.	Abl. instrumenti	Grund (Abl. causae, »des Grundes«)

Begleittexte zu *Hamilcar* 1

1. Römische Selbstauffassung
Dass die Römer die Bedrohung ihres Staates durch Hannibal überwinden konnten, wurde für sie eine Art Beweis für ihre Fähigkeiten und ihre Berufung, die damals bekannte Welt zu regieren. Die Grundlagen ihres Selbstbewusstseins waren ihre Siege, ihr Nationalbewusstsein und der Stolz auf ihre Nationaltugenden.
a) Dazu gehörte ihre Vertragspolitik. Ein Vertragsschluss erfolgte nach Verhandlungen, die vom römischen Senat genehmigt werden mussten. Ein Vertragsverhältnis *(pax)* bedeutete nach römischer Auffassung ein bestimmtes ausgewogenes Verhältnis von Leistungen und Gegenleistungen, das man vereinbart und an das man sich unerschütterlich hält. Da die Römer zumeist mit unterworfenen Gegnern oder mit Völkern, die bei ihnen Schutz suchten oder in ihre Abhängigkeit gerieten, Verträge schlossen, sah das Vertragsverhältnis gegenseitige politische Unterstützung und militärische Hilfe gegenüber Angreifern vor. Die Leistungen der Römer waren *beneficia*, die der abhängigen Verbündeten *officia*. Ihr Verhältnis sollte von *fides* (Zuverlässigkeit, Treue) und *gratia* (Ansehen, Dank) bestimmt sein.

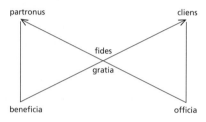

wechselseitiges Verhältnis

b) Gerne hoben die Römer ihr Staatswesen auch von dem anderer Staaten ab. Diese Unterscheidung traf oft zu, im Falle Karthagos jedoch nur teilweise.
An der Spitze Karthagos standen als oberste Staatsbeamte reiche Adlige. In Kriegszeiten ernannten sie einen Feldherrn (Strategen, lat. *imperator*, »Oberbefehlshaber«). Sie fürchteten jedoch, dass er mit seinen Soldaten Druck auf die Regierung ausüben oder sich durch einen Putsch sogar selbst zum Herrscher machen könne. Daher ernannten sie oft zwei Feldherrn, damit diese sich gegenseitig kontrollierten und neutralisierten.
An der Spitze des römischen Staates standen zwei Konsuln, die jeweils für ein Jahr gewählt waren. Im Kriegsfall hatten sie auch den Oberbefehl über die Heere.
Die nichtadlige Volksschicht, die Plebs, hatte schon vor der Zeit der Punischen Kriege ihre starke Mitsprache bei allen politischen Entscheidungen erkämpft. Sie stimmte in Volksversammlungen ab und entsandte Volkstribunen in den Senat, die bei jedem Gesetzgebungsverfahren gehört wurden und durch ihr *Veto* (»ich verbiete«) oder *Iubeo* (»ich befehle«) Maßnahmen blockieren oder anstoßen konnten.

2. Adverbiale Bestimmungen
Für Charakteristiken und für die Darstellung von Mitteln und Begleitumständen des Handelns sind insbesondere Ablativformen charakteristisch. Es gibt drei Großgruppen, die man weiter aufgliedern kann.

a) Ablativus instrumenti / sociativus, »des Mittels oder der Begleitung« sowie Spezialfunktionen und Spezialbezeichnungen:

Bezeichnung	Frage	Beispiele
Ablativus instrumenti, Ablativ des Mittels	womit?	*armis se defendere* »sich mit Waffen verteidigen« – *curru vehi* »auf dem Wagen fahren«
Ablativus sociativus, Ablativ der Begleitung	mit wem?	*cum amicis cenare* »mit Freunden zu Abend essen«
Ablativus modi, Ablativ der Art und Weise	wie?	*summo cum gaudio dicere* »mit höchstem Vergnügen reden«
Ablativus qualitatis, Ablativ der Eigenschaft	was; was für ein, eine, eins?	dient als Attribut oder Prädikatsnomen: *vir summo ingenio* »ein sehr begabter Mann« – *vir summo ingenio est* »der Mann ist sehr begabt«
Ablativus causae, Ablativ des Grundes	warum?	*deorum voluntate puniri* »wegen des Willens (= nach dem Willen) der Götter bestraft werden«
Ablativus respectus, Ablativ des Bezugspunkts	worin, in Bezug worauf?	*virtute praecedere Gallos* »die Gallier an Tapferkeit übertreffen«
Ablativus mensurae, Ablativ der Maßangabe	um wie viel?	*multo praestat* »es ist viel besser« – *paulo post* »wenig später«
Ablativus pretii, Ablativ des Preises, der Wertangabe	für wie viel?	*magno emere* »für eine große Summe kaufen«, »teuer kaufen«

b) Ablativus originis / separativus, »der Herkunft oder der Trennung« sowie Spezialfunktionen und Spezialbezeichnungen:

Bezeichnung	Frage	Beispiele
Ablativus originis, Ablativ der Herkunft	woher?	*Karthagine venire* »aus Karthago kommen«
Ablativus separativus, Ablativ der Trennung	wovon?	*aqua intercludere* »von der Wasserversorgung abschneiden« *sine ira scribere* »ohne Zorn schreiben«
Ablativus auctoris, Ablativ des Urhebers	von wem?	*ab amico invitatus* »vom Freund eingeladen«

c) Ablativus loci / temporis, »des Ortes oder des Zeitpunkts«:

Bezeichnung	Frage	Beispiele
Ablativus loci, Ablativ des Ortes / der Ortsangabe	wo?	*in urbe esse* »in der Hauptstadt sein« – *Athenis esse* »in Athen sein«
Ablativus temporis, Ablativ des Zeitpunkts	wann?	*eo tempore* »zu dieser Zeit«

Arbeitsaufträge zu *Hamilcar* 4

1. Schreibe alle Hauptsatzprädikate heraus, bestimme und übersetze sie und gib an, welche Aufgabe das jeweils verwendete Tempus hat (→ Grundwissen 4.2). Beispiel: *gessit*: 3. Sg. Perf. Ind.: 1. Etappe der Erzählung.

2. Hamilcar – Hannibal:
   a) Welchen Einfluss hat Hamilcar auf Hannibal?
   b) Wie kommt er zustande?

3. Zeige Hervorhebungen: durch Attribute, durch adverbiale Bestimmungen, durch ausführlichere Darstellung, durch Stilmittel (→ Grundwissen 5, Nr. 3, 5, 7, 10).

Arbeitsaufträge zu *Hannibal* 1

1. Stelle alle Ausdrücke zu den Wortfeldern »Wahrheit«, »Volk« und »Tapferkeit / Übertreffen« zusammen.

2. a) Erstelle zu längeren Sätzen Satzabbildungen nach dem Einrücksystem. Beispiel:

GS₁ Si verum est
GS₂   (quod nemo dubitat),

GS₂   ut populus Romanus omnes gentes virtute superarit,

HS   non est infitiandum [Hannibalem tanto praestitisse ceteros imperatores prudentia,

GS₁   quanto populus Romanus antecedat fortitudine cunctas nationes.]

Anmerkung: GS₁: Gliedsatz ersten Grades, direkt vom Hauptsatz abhängend; GS₂: Gliedsatz zweiten Grades, von einem Gliedsatz ersten Grades abhängend. Satzwertige Elemente wie A.c.i., Prädikativum, Ablativ + Prädikativum und -nd-Fügungen sind nicht eigens eingerückt, weil sie nur ein Satzglied sind (wie die Kasusendungen zeigen). Weil sie aber durch ihre eigene Verbalinformation »satzwertig« sind, kann man sie durch eckige Klammern eingrenzen und herausheben.

b) Schildere Besonderheiten im Satzbau (Abfolge der Glied- und Hauptsätze) und in der Wortstellung und zeige ihre Wirkung (→ Grundwissen 5, bes. Nr. 10).

3. Sammle die adverbialen Bestimmungen im Ablativ. Welche beeinflussen die Vorstellung von Hannibal besonders? Verfahre wie in Arbeitsauftrag 2 zu *Hamilcar* c. 1.

4. Trage die Charakterisierungen Hannibals und des römischen Volkes in eine Tabelle ein: *populus Romanus – Hannibal*

5. a) Was wird an Hannibal gerühmt?
b) Wodurch wird die Rühmung sprachlich kompliziert?

c) Was wird durch diese Kompliziertheit erreicht?

6. a) Stelle alle Informationen zu Hannibals Hass zusammen.
b) Wie charakterisiert dieser Hass Hannibal?
c) Welche Haltung nimmt Hannibal selbst gegenüber seinem Hass ein? Vgl. dazu *Hamilcar* c. 4.
d) Welche Begründungen für den Hass gibt Nepos, welche würden wir heute erwarten?
e) Sucht Informationen zur Entstehung und Wirkung von Hass im Internet oder in anderen Quellen. Diskutiert sie vor dem Hintergrund der Kapitel *Hamilcar* 4 und *Hannibal* 1.

Arbeitsaufträge zu *Hannibal* 2

1. Zeige die Erzählelemente in c. 2 und schildere den Aufbau des Kapitels (→ Grundwissen 4.2).

2. a) Unterstreiche in den §§ 2–3a (... *adiunxit*) alle Verbformen und schildere den Inhalt in der Abfolge der Verbformen.
b) Schildere den Aufbau von §§ 2–3a.
(Beispiel: Der Satz beginnt mit dem relativ(isch)en Anschluss *ad quem*: »zu Antiochus«; dieser steht vor einem *cum*-Satz, in den er gehört: »als römische Gesandte zu ihm gekommen waren«; ein Relativsatz mit den Prädikaten *explorarent* und *darent* erläutert *legati Romani*: »sie sollten sich erkundigen und sich darum bemühen ...« usw.)
c) Der Satz ist die Einleitung zur Darstellung des Schwurs Hannibals, die mit § 3b beginnt (*Pater meus ...*). Überlege, warum Nepos den Satz so kompliziert gestaltet hat.

3. a) Trage die geschilderten Ereignisse untereinander ein und füge das Jahr des Ereignisses hinzu (→ Zeittafel).

b) Warum schildert Nepos Ereignisse aus Hannibals Alter schon am Anfang der Biographie?

4. Durch welche inhaltlichen Einzelheiten werden das Jugenderlebnis und die Racheverpflichtung besonders wirkungsvoll?

5. Wie wird durch Hannibals Verhalten gegenüber Antiochus sein Hass auf die Römer beleuchtet?

6. Beschreibe Abb. 1 und berücksichtige dabei: Blickrichtung der Beteiligten; mögliche Diagonalen, die von links nach rechts zu ziehen sind und den Blick des Betrachters lenken (→ Begleittext 1).

7. Vergleiche die Schwurszene mit der Darstellung bei Valerius Maximus (→ Begleittext 2): Wie begründen die Autoren, dass Hannibal mit dem Vater nach Spanien geht? Welche Darstellung entspricht mehr einem Neunjährigen?

8. Erarbeitet ein Drehbuch zu Kapitel 2: a) für die Schilderung des Eids (§§ 3b-4 (*Pater ... fore*)); b) für die anderen Teile (§§ 1–3a (bis *adiunxit*))

und §§ 5–6); c) für das gesamte Kapitel.
Berücksichtigt auch Ausstattungsdetails. Beispiel § 2: *Ad quem cum legati venissent Romani*: Römische Gesandte kommen zu Antiochus. – *Details:* Gesandte in Senatorentogen; sie verkörpern »typische« Römer, einen hageren Caesartyp, einen untersetzten Typ wie Crassus. Sie sind von Sklaven begleitet. Einige bewaffnete Männer (Soldaten, Liktoren, Leibwächter, also Prätorianer) sind zu sehen. Im Hintergrund vielleicht der Hafen und ein Schiff. – *Requisiten:* Togen mit Purpurstreifen, Brustpanzer, Schwerter, Lanzen, Beile, Rutenbündel.

Muster zu Arbeitsauftrag 3a

Jahreszahl	von Nepos im eigenen Namen geschildertes Ereignis	angeblich von Hannibal geschildertes Ereignis
…	…	…

Begleittexte zu Hannibal c. 2

1. Abb. 2: Der Schwur Hannibals, Gemälde von Januarius Zick (1730–1797), entstanden ca. 1785–1795, Öl auf Leinwand, Höhe 65,0, Breite 101,5 cm, Freiburg i.Br., Augustinermuseum (Inv. M 58/12a).
Das Gemälde zeigt die von Nepos geschilderte Szene. Im Zentrum der junge Hannibal, daneben sein Vater Hamilcar. Hannibal trägt ein goldgelbes Gewand mit blauem Tuch, Hamilcar einen roten Umhang. Rechts an einer Säule sieht man Waffen, die man römischen Truppen abgenommen hat. Oben in der Mitte sieht man die Statue Baals. Ein Priester steht links unter der Baalstatue. Unten links vom Altar kniet ein Opferdiener. Im Hintergrund und an den Seiten Bewaffnete.

2. Valerius Maximus (1. Hälfte de 1. Jhs.) schildert in seinem Werk *Facta et dicta memorabilia* verschiedene menschliche Tugenden und Laster und bringt dafür viele historische Beispiele. Im Abschnitt *De ira aut odio* (Zorn oder Hass) definiert er die Verbindung beider Affekte so (Buch 9, Kapitel 3):
»Auch Zorn und Hass erregen große Fluten in den menschlichen Herzen, der erste schneller im Voranstürmen, der zweite hartnäckiger in der Begier zu schaden. Jeder dieser Affekte ist geladen mit Bestürzung und Aufregung und – niemals ohne Folter der eigenen Person – gewalttätig, weil er den Schmerz, den er zufügen will, selbst erleidet, aus bitterer Besorgtheit, dass ihn Rache trifft, voller Aufregung. Aber für deren Eigenart gibt es sehr deutliche Bilder, die die Götter selbst in berühmten Personen oder in irgendeiner Aussage oder Tat von beträchtlicher Heftigkeit sichtbar machen wollten.«
Unter seinen Beispielen zu *ira et odium* schildert Valerius Maximus auch Hamilcar (Buch 9, Kapitel 3, Anhang *exteriora = ausländische Beispiele*) und Hannibal (Anhang, *exteriora* 3–4). Hamilcar beschreibt seine vier Söhne stolz als junge Löwen, die er aufgezogen hat, um die römische Macht zu zerstören. Valerius korrigiert ihn: aufgezogen, um ihre Heimat zu zerstören. Zu Hannibal schreibt Valerius Maximus 9,3, *ext.* 4:

»Von diesen Söhnen ist Hannibal so früh den Spuren des Vaters gefolgt, dass er sich so verhielt: Als sein Vater sein Heer nach Spanien hinüberbringen wollte und deswegen ein Opfer vornahm, da fasste er im Alter von neun Jahren den Altar an und schwor, dass er, sobald es sein Alter zulasse, der heftigste Feind des römischen Volks sein werde; und mit ungeheuer hartnäckigen Bitten erzwang er die Aufnahme in die Soldatengemeinschaft für den bevorstehenden Krieg; ebenso begehrte er inniglich klarzumachen, wie sehr sich Karthago und Rom durch Hass verfeindet sind; daher stampfte er mit dem Fuß auf die Erde und wirbelte den Staub auf, dann sagte er, es werde kein Ende des Kriegs zwischen Karthago und Rom sein, bevor nicht eine der beiden Städte in den Zustand des Staubs gebracht worden ist.«

Hinweis: Der Schwur Hannibals ist auch bei vielen anderen Autoren dargestellt, z. B.: Polybios 3,11; Livius 21,1,4; 35,19,2; Martial 9,44; Florus 2,62; Orosius 4,14; Aurelius Victor, *de viris illustribus* 42.

Arbeitsaufträge zu *Hannibal* c. 3

1. a) Schreibe den Text heraus. Unterstreiche alle Verbformen: Partizipien in Ablativen mit Prädikativum (Ablativi absoluti) oder als Participia coniuncta, Prädikate in Gliedsätzen, Prädikate in Hauptsätzen.
   b) Schildere den Ablauf der Ereignisse anhand der unterstrichenen Verbformen.

2. a) Welchen Zeitraum umfasst das Kapitel? (→ Zeittafel; Begleittext 1)
   b) Welches Ziel hat die Darstellung eines so großen Zeitraums in einem einzigen Kapitel? (→ Grundwissen 4.3)

3. Erstelle eine Satzabbildung für § 4 (*Ad ... repere*) nach dem Einrückverfahren.

4. a) Was fällt an Bau und Länge der Sätze in diesem Kapitel auf?
   b) Wie passt die Gestaltung der Sätze zum Inhalt? Welche Wirkung hat sie?

5. Der Alpenübergang ist eine der berühmten Leistungen Hannibals. Er wurde immer wieder in Texten, Bildern und Filmen dargestellt. Jeder Feldherr, der die Alpen überquerte, dachte an Hannibal oder verglich sich mit ihm.
   a) Wie stellt sie Nepos dar? Berücksichtige: Ablauf des Kapitels 3, Satzbau des § 4.
   b) Beschreibe die Abbildung 2 (→ Begleittext 2): Welche Details gibt der Zeichner wieder? Was ist sein Ziel?
   c) Beschreibe Abb. 3 (→ Begleittext 2). Wie unterscheidet sich Abb. 3 von Abb. 2? Welches Ziel hat der Maler der Abb. 3?
   d) Welchen Zielen des Nepos entspricht Abb. 2, welchen Abb. 3?
   e) Vgl. die Darstellung des Alpenübergangs im Film *Hannibal* von 1959 (→ S.76) mit der Darstellung bei Nepos und evtl. bei Livius (*ab urbe condita* 22,2–7).

Begleittexte zu *Hannibal* c. 3

1. Information: Historische Ereignisse, die in c. 3 erwähnt werden:
a) Hannibal wollte verhindern, dass die Römer das karthagische Gebiet in Afrika angreifen. Daher plante er, sie in Italien anzugreifen und in Zugzwang zu bringen. Er führte sein Heer durch Südgallien und über die Alpen, um den Krieg nach Italien zu verlagern. Bevor er sein Heer nach Südgallien führte, hatte er sichergestellt, dass die anwohnenden Gallier ihn nicht angreifen. Seine aus Afrika und Spanien stammenden Soldaten konnte er sogar durch Hilfstruppen aus Gallien verstärken.
b) 218: Unentschiedenes Gefecht zwischen Reitern aus dem Heer des römischen Konsuls Scipio und dem Hannibals an der Rhône. Es kam zufällig zustande, machte Scipio aber klar, dass Hannibal über die Alpen marschieren will. Daher fuhr er von Massilia zu Schiff nach Oberitalien, um ihn dort mit Truppen zu erwarten.
c) 218: Alpenübergang: Der Übergang über die Alpen bereitete Hannibal gewaltige Schwierigkeiten: Anwohner griffen ihn an. Das Gelände war äußerst schwierig zu begehen. Es gab nur schmale Pfade. Eis und Schnee setzten den Menschen wie den Tieren schwer zu. Von den 90000 Mann, mit denen Hannibal von Karthago Nova in Spanien aufgebrochen war, waren nach dem Alpenübergang nur noch 26000 am Leben. Von den Elefanten kamen 37 in Oberitalien an. Die Elefanten jagten den Römern größten Schrecken ein; sie waren Kampfmaschinen und trugen beim Kampf außer ihrem Lenker einen Turm mit Bogenschützen und Speerwerfern.

Hinweis: Der Alpenübergang ist bei Polybios (3,50–55) und Livius (21,32–38) ausführlich dargestellt. Wo genau der Übergang erfolgte und wie viele Elefanten dabei waren, ist umstritten.

2. Hannibals Übergang über die Alpen in der Bildtradition
a) Abb. 2: Heinrich Leutemann (1824–1905) war seit 1850 Illustrator für die Reihe »Münchener Bilderbogen«. Sie sollte ein breites Publikum und insbesondere die Jugend ansprechen. Für diese Reihe zeichnete er auch »Bilder aus dem Altertume«. Blatt 13 heißt »Die Karthager«: Hannibal steht in einen rosenholzfarbenen Mantel gehüllt und mit einem ebenso gefärbten Helmbusch auf einem etwas tiefer gelegenen Felsen in der Mitte des Bildes. Er weist mit dem rechten Arm seinen Soldaten den Weg über die Alpen. Der Alpenpass verläuft durch das gesamte Bild. Ganz oben links erkennt man noch schemenhaft die Spitze des Zugs, angeführt von einem Fahnenträger. – Der Aufstieg des Heerzuges ist gerade unterbrochen, weil Alpenbewohner Hannibals Soldaten angreifen. Livius schildert einen solchen Angriff zweimal. – Das junge Paar unten in der Mitte kann nicht identifiziert werden. Es ist ähnlich gekleidet wie Hannibal, stammt also wohl aus Karthago. In dem Drama »Hannibal« von Christian Dietrich Grabbe (1834 geschrieben, aber erst 1918 uraufgeführt) tritt am Anfang ein junges Paar namens Alitta und Brasidas auf und empört sich über Hannibals innenpolitische Gegner.
b) Abb. 3: Napoleon Bonaparte überquerte im Jahr 1800 mit seinem Heer die Alpen (über den Sankt Bernhard) und besiegte dann die gegnerischen österreichischen Truppen am 14.6.1800 bei Marengo in Italien. Er gab für den Alpenübergang ein Gemälde bei dem Maler Jacques-Louis David in Auftrag. Das Gemälde sollte der Öffentlichkeit den Eroberer, Sieger und Triumphator Napoleon in Parallele zu dem unüberwindlichen Hannibal zeigen. Diese Vorstellung sollte im kollektiven Gedächtnis der Franzosen verankert werden.

Arbeitsaufträge zu *Hannibal* c. 4

1. Welche Wortfelder sind in c. 4 stark vertreten und was ist leitender thematischer Gesichtspunkt dieses Kapitels?
2. a) Schreibe alle Hauptsatzprädikate heraus, bestimme und übersetze sie und gib an, welche Textaufgabe das jeweils verwendete Tempus hat (→ Grundwissen 4.2).
   b) Gliedere das Kapitel unter Berücksichtigung der verwendeten Tempora.
3. Trage Satz für Satz Ausdrücke und Beobachtungen in eine Tabelle nach unten stehenden Muster ein und füge mithilfe der Zeittafel und Begleittext 1 die Jahreszahl hinzu (insgesamt 13 Eintragungen).
4. Werte die Übersicht aus:
   a) Zeige, wie in jedem Satz eine Steigerung zum vorigen erfolgt.
   b) Satz 4,1 schildert ein Ereignis, das zeitlich noch vor dem in 3,4 geschilderten Alpenübergang liegt. Warum hat Nepos es dennoch an den Anfang von c. 4 gesetzt?
   c) Was hat Nepos zugunsten seines leitenden thematischen Gesichtspunktes und im Interesse der Steigerung in seiner Darstellung ausgelassen oder an eine chronologisch falsche Stelle gesetzt? (→ Zeittafel, Begleittexte 1 und 2).
5. Führe die in Arbeitsauftrag 6 zu c. 1 begonnene Übersicht über die Eigenschaften Hannibals und der Römer fort.

Muster zu Arbeitsauftrag 3

Jahr	Ort	römischer Feldherr	sein Amt	Hannibals Erfolge und andere Ereignisse
218	apud Rhodanum	cum P. Cornelio Scipione	consule	conflixerat pepulerat
218	Clastidii apud Padum	cum hoc eodem		decernit saucium ac fugatum dimittit

Begleittexte zu *Hannibal* c. 4

1. Information: Historische Ereignisse, die in c. 4 erwähnt werden:
a) In Italien wollte Hannibal die Römer politisch isolieren. Deswegen versuchte er, die mit Rom verbündeten Städte und Völker zum Abfall zu bewegen. Aber trotz spektakulärer Siege gelang ihm dies nicht im erforderlichen Maß.
b) 218: Hannibal siegt über Scipios Reiterei am Fluss Ticinus in Oberitalien und nimmt kampflos die Stadt Clastidium mit einem römischen Getreidedepot ein.
c) 218: Hannibal schlägt die vereinigten Heere der beiden Konsuln Scipio und Sempronius vernichtend am Fluss Trebia. Eine kleine karthagische Truppe lässt sich von den Römern durch den Fluss verfolgen, auf der anderen Seite überfällt die Haupttruppe die erschöpften Römer.

d) 217: Die Truppen des Konsuls Gaius Flaminius verfolgen Hannibal, werden in einem Talkessel von Hannibals im Versteck liegenden Truppen eingeschlossen und zum Trasimenischen See gedrängt. 15000 Römer kommen um. Ein gleichzeitiges Erdbeben bleibt wegen des heftigen Kampfes unbemerkt, wie der Historiker Livius schreibt.

e) 217: Die von Servilius, dem Amtskollegen des Gaius Flaminius, zu Hilfe geschickten 4000 Reiter kommen zu spät und werden ebenfalls von den Karthagern geschlagen.

f) 216: In der Not und auch wegen gegensätzlicher Auffassungen innerhalb der Senatoren ernennt der römische Senat nun gleich zwei Oberbefehlshaber, Lucius Aemilius Paulus und Gaius Terentius Varro. Diese sollen im täglichen Wechsel das Heer führen. Aemilius ist erfahren und vorsichtig, Terentius drängt ungeduldig auf eine Entscheidungsschlacht. Hannibal stellt an einem Tag, an dem Terentius den Oberbefehl hat, seine Truppen bei Cannae zur Schlacht auf. Terentius lässt sich zur Schlacht verführen. Militärhistoriker sehen in dieser Schlacht das Muster einer Einkreisungsschlacht. Die Römer müssen gegen die Sonne kämpfen, ein staubiger Wind bläst ihnen ins Gesicht. Hannibal lässt die Mitte seines Heeres zurückweichen und umzingelt dann die Römer. 70000 Römer fallen. Hannibal verliert 6000 Soldaten.

2. Die in c. 4 erwähnten römischen Feldherrn (in der Reihenfolge des Vorkommens):

- **P. Cornelius Scipio:** Konsul 218 (Vater des Publius Cornelius Scipio Africanus Maior, zu diesem siehe Einleitung 2e).
- **Tiberius Sempronius Longus:** Konsul 218.
- **Gaius Flaminius:** Konsul des Jahres 223 und 217; politischer Gegner des Quintus Fabius Maximus; war heftiger Kritiker des Senats wegen dessen Ziel, den Krieg gegen Hannibal vorsichtig zu führen, wollte seine Truppen mit denen seines Kollegen Gnaeus Servilius Geminus vereinen, obwohl er auch dessen Kriegführung verurteilte, und geriet in den von Hannibal gelegten Hinterhalt.
- **C. Centenius:** erster Unterbefehlshaber des anderen Konsuls von 218, Servilius Geminus.
- **C. Terentius Varro, L. Aemilius Paulus:** römische Feldherrn in der Schlacht bei Cannae gegen Hannibal.
- **Gnaeus Servilius Geminus**, Konsul des Jahres 217 (zusammen mit Gaius Flaminius), im Jahr 216 als Unterfeldherr im Krieg gegen Hannibal tätig.

Arbeitsaufträge zu *Hannibal* c. 5

1. (a) Gliedere das Kapitel unter Berücksichtigung der Satzeinleitungen und der Tempora in den Hauptsätzen (→ Grundwissen 4).

2. Für die Sätze der §§ 1 (a), 2 (a, b, c), 3 (a, b): Schildere den Ablauf der Sätze oder zeige ihn durch eine Satzabbildung z.B. nach dem Einrücksystem.

3. a) Erstelle eine Übersicht zu den § 3 nach dem unten (S. 56) dargestellten Muster.
b) Ergänze die Übersicht durch die Auswertung der §§ 1–2.

c) Was lässt sich zur Abfolge der Darstellung erkennen?

4. a) Welche Sätze in c. 5 sind durch relativ(isch)en Satzanschluss (→ Grammatik S. 13 f.) eng an den vorigen angeschlossen?
b) Welche Sätze beginnen mit einem Demonstrativpronomen?
c) Welche Sätze sind gar nicht durch einen Rückverweis an den vorigen Satz angebunden?
d) Warum wechselt Nepos die Art, Hauptsätze aneinander anzuschließen?

5. Sammle alle adjektivischen und substantivischen Attribute zu den vorkommenden Personen. Welche Aufgabe haben sie?
6. a) Welcher Satz des c. 5 könnte die Überschrift bilden? (→ Grundwissen 5, Nr. 5)
b) Zeige Aufbau und Steigerung des Kapitels unter dem Gesichtspunkt der *evidentia* (→ Grundwissen 5, Nr. 8).
c) Welche sprachlichen und welche stilistischen Einzelheiten zeigen eine Steigerung der einzelnen Abschnitte? Berücksichtige: Attribute, Appositionen, prädikative Partizipien (participia coniuncta) sowie Grundwissen 5, Nr. 5, 7, 11, 12, 13.
7. a) Wie geht Nepos mit den historisch gesicherten Fakten um? (→ Zeittafel, Begleittext 1)
b) Was ist Ziel der Darstellung des Nepos?
8. Führe die in Arbeitsauftrag 6 zu c. 1 begonnene Übersicht über die Eigenschaften Hannibals und der Römer fort.

Muster zu Arbeitsauftrag 3a

Zeit / Ort	Hanc post rem gestam			
Maß der Anstrengung	non ita multis diebus			
Gegner	M. Minucium Rufum			
Rang des Gegners	magistratum equitum pari ac dictatorem imperio			
	dolo productum in proelium			
Ergebnis	fugavit			

Begleittext zu *Hannibal* c. 5

1. Information: Historische Ereignisse, die in c. 5 erwähnt werden:
a) Nach der Schlacht von Cannae wählen die Römer Quintus Fabius Maximus zum Dictator. Ein *dictator* ist im römischen Verständnis ein Alleinherrscher, der zur Bewältigung von Notsituationen für ein halbes Jahr gewählt wird. Quintus Fabius Maximus setzt Hannibals Vernichtungsstrategie seine Ermattungsstrategie entgegen. Er weicht jeder offenen Schlacht aus und versucht, Hannibal vom Nachschub abzuschneiden. So erspart er den Römern militärische Niederlagen. Er erhält den Spitznamen *Cunctator* (»Zögerer«).
b) Schließlich nützen Hannibal seine früheren militärischen Erfolge nicht mehr. Die mächtige Stadt Capua in Kampanien, die sich mit Hannibal verbündet hatte, wird

von den Römern belagert und erobert. Hannibal hatte zwar die römischen Truppen durch eine Belagerung Roms von Capua abziehen wollen. Aber den römischen Feldherrn war bewusst gewesen, dass Rom durch seine Mauern stark befestigt war, während Hannibal keine Belagerungs- und Angriffsmaschinen mit sich führte. Nach dem Fall Capuas erscheint Hannibal ein weiterer Aufenthalt in Italien sinnlos.

Arbeitsaufträge zu *Hannibal* c. 6

1. Gliedere das Kapitel unter Berücksichtigung der Satzeinleitungen und der Tempora in den Hauptsätzen (→ Grundwissen 4.2).

2. Vgl. 6,2 mit *Hamilcar* 1,3–5. Welches Bild von Hamilcar und Hannibal und ihrem Römerhass zeichnet Nepos?

3. Vgl. c. 6 mit c. 4 und 5:
a) Was bringt c. 6 an Ungewöhnlichem im Vergleich mit den bisherigen Kapiteln?
b) Wie gelingt es Nepos, trotzdem an die Darstellungsziele der Kapitel 4–5 anzuknüpfen?

4. Vgl. die Darstellung des Nepos in c. 6 mit c. 5. Charakterisiere Ziele und Verfahrensweisen des Nepos in c. 6.

5. Erstelle eine so genannte Charakterkurve oder Sympathiekurve für Hannibal. Trage ein, ob die genannten Eigenschaften nach deiner Meinung stark, mittel, wenig oder gar nicht gelten. Begründe deine Ansicht durch Belege aus den bisher gelesenen Texten oder durch eigene Begründungen. Verbinde deine Wertungen durch eine Linie (Kurve). Vergleiche deine Wertung mit denen deiner Mitschüler. Diskutiert die unterschiedlichen Ergebnisse. Beispiel für eine Liste mit Anmerkungen:

Charakter- oder Sympathiekurve zu Hannibal

	stark	mittel	wenig	gar nicht
klug				
affektgetrieben				
unerbittlich				
milde, entgegenkommend				
raffiniert, guter Stratege	x[1]			
naiv, lässt sich hereinlegen				
lenkbar				
beharrlich, unbeirrbar				

Anm. 1: Vgl. 4,3; 5,2; 5,3.
Anm. 2: . . . . usw.

Hinweis: Vergleiche mit den Wertungen von Mitschülern werden anschaulich, wenn jeder dieselbe Übersicht im identischen Format (in identischer Größe) verwendet und man sie auf Klarsichtfolien übereinander legt.

Begleittext zu *Hannibal* c. 6

1. Information: Historische Ereignisse, die in c. 6 erwähnt werden:

a) Römische Truppen erobern 212 die sizilische Hauptstadt Syrakus, dann 210, geführt von dem neu gewählten Oberbefehlshaber Publius Cornelius Scipio dem Älteren, die karthagische Hauptstadt in Spanien, Karthago Nova. Schließlich landet Publius Cornelius Scipio mit einem Heer von 30000 Mann bei Utika in Nordafrika und bedroht direkt Karthago, die Hauptstadt der Punier. Hannibal wird nach Karthago gerufen, unterliegt aber Scipio in der Schlacht bei Zama. Scipio erhält den Beinamen *Africanus.* Sein voller Name ist daher Publius Cornelius Scipio Africanus Maior. (So kann man ihn von vielen anderen Scipionen unterscheiden, zum Beispiel den beiden Brüdern Publius und Gnaeus Scipio, die 211 in Spanien von karthagischen Führern besiegt worden waren und den Tod erlitten hatten. Schwieriger ist es, ihn von seinem Sohn Scipio dem Jüngeren zu unterscheiden, der ebenfalls den Beinamen *Africanus* erhielt, weil er 146 v.Chr. Karthago zerstörte, und zusätzlich den Beinamen *Numantinus*, weil er 133 v.Chr. Numantia in Spanien besiegte; sein voller Name ist daher Publius Cornelius Scipio Africanus Minor Numantinus. Scipio der Ältere starb 183 v.Chr., Scipio der Jüngere 129 v.Chr.)

b) Der Sieg in der Schlacht von Zama ist der größte Triumph Scipios und Roms. Die Schlacht ist ausführlich bei Polybios (15,12–14) geschildert. Nepos erwähnt nur, dass Hannibal geschlagen wurde (6,3).

c) Die großen Reden Hannibals und Scipios fehlen bei Nepos, z.B. vor der Schlacht am Ticinus (Polybios 3,62–64), vor der Schlacht von Zama (Polybios 15,10–11), die Aussprache Scipios mit Hannibal vor der Schlacht (Polybios 15,6–8).

Arbeitsaufträge zu *Hannibal* c. 7

1. Gliedere c. 7. Berücksichtige dabei: a) Zeitangaben (→ Arbeitsauftrag 2 zu *Hamilcar* 1); b) Rückverweise durch Pronomina und Konnektoren (→ Grammatik S. 13).

2. a) Welchen Zeitraum umfasst c. 7 (→ Zeittafel, Begleittext 1)?
b) Zeige, wie sich »Erzählzeit« und »erzählte Zeit« zueinander verhalten (→ Grundwissen 4.3).

3. Kapitel 7 ist das zentrale Kapitel der Hannibal-Biographie (→ Aufbauübersicht, Einleitung).
a) Unter welchen Gesichtspunkt stellt Nepos die in c. 7 dargestellten Ereignisse? Berücksichtige dazu: Wie ist der Zusammenhang durch prädikative Partizipien, durch Ablative mit Prädikativum (Abl. abs.) und durch Konnektoren ausgedrückt?

b) Wie werden die Ereignisse gewertet? Berücksichtige die adverbialen Bestimmungen im Ablativ, die Modi in den Relativsätzen, die Wiedergabe in indirekter statt direkter Rede.

4. a) Worin zeigen sich Gegensätze zwischen Hannibal und der karthagischen Staatsführung (→ Begleittexte 1–2)?
b) Worin zeigt sich die Schwäche von Hannibals Position?

5. Stelle aus der Senatsantwort (§ 3) Gesichtspunkte zusammen für:
a) römische Ziele, b) römische Selbstauffassung und Selbstdarstellung,
c) römische Auffassung vom Gegner und seinem Verhalten (→ Begleittext 3).

6. Wie ist die Senatsantwort stilistisch gestaltet und was sagt dies über die römische Haltung aus? Berücksichtige: Länge der Sätze; Satzarten; Grundwissen 5, Nr. 6 und 12.

7. a) Wo zeigen sich in c. 7 Verhaltensweisen Hannibals, die bereits früher geschildert wurden? Was sagt dies für die Auffassung des Nepos von Hannibal aus?

b) Wie versucht Nepos zu zeigen, dass Hannibal trotz Niederlagen überlegen ist?

8. Führe die in Arbeitsauftrag 4 zu c. 1 begonnene Übersicht über die Eigenschaften Hannibals und der Römer fort.

Begleittexte zu *Hannibal* c. 7

1. Information: Historische Ereignisse, die in c. 7 erwähnt werden:
Nach einem Friedensvertrag (201) zwischen Rom und Karthago ist Hannibal dann weiter politisch in Karthago tätig. Er wird 197 v.Chr. Suffet, Inhaber des höchsten karthagischen Amtes. Er fordert hohe noch ausstehende Steuersummen ein und beseitigt Betrug und Korruption im staatlichen Finanzwesen. Er verzichtet auf die Einführung neuer Steuern. Seine Maßnahmen treffen den reichen Adel, dem seine politischen Gegner angehören, z. B. Hanno, Gisgo und dessen Sohn Hasdrubal. Beim karthagischen Volk hingegen ist Hannibal äußerst beliebt. Denn seine spektakulären Siege im Krieg gegen Rom haben ihn zum legendären Helden gemacht, und der wirtschaftliche Aufschwung, der mit dem Geld der unbeliebten Oberschicht angekurbelt wird, kommt den einfachen Leuten zugute.

2. Information: Historische Ereignisse, die in c. 7–12 erwähnt werden:
Schließlich muss Hannibal auf Druck der Römer und der karthagischen Oberschicht Karthago verlassen. Er hält sich dann an wechselnden Orten auf. Zuletzt wohnt er in einer Festung, die ihm Prusias, der König von Pontus (Bithynien in Kleinasien) zur Verfügung gestellt hatte (Nepos, *Hannibal* 12,3), wahrscheinlich nahe der Stadt Prusias, die er auf Rat Hannibals gebaut und nach sich selbst benannt hatte (heute Brussa). Immer wieder versucht er, die dortigen Machthaber in kriegerischen Auseinandersetzungen mit Rom zu unterstützen, das jetzt auch die Vorherrschaft im Osten des Mittelmeeres anstrebt. Schließlich schickt Rom eine Gesandtschaft unter Leitung des Titus Quinctius Flamininus zu Prusias; sie verlangt seine Auslieferung. Prusias kann sich dem nicht widersetzen. Da begeht Hannibal Selbstmord.

3. Die Römer hielten an ihrer Auffassung, zur Weltregierung berufen zu sein, wie an einem Gründungsmythos fest und bauten die Vorstellungen von ihrer Berufung zur Herrschaft aus.
a) Der römische Dichter Ennius (239–169 v.Chr.) prägte das Wort: *Moribus antiquis res stat Romana virisque*, »auf Sitten alter Art ist die Sache Roms gegründet und auf Männern«. Römer mit den Erfahrungen der Punischen Kriege verstanden darunter sicher auch den römischen Durchhalte- und Siegeswillen und die Tatkraft und Selbstdisziplin solcher Führer wie Quintus Fabius Maximus und Publius Cornelius Scipio Africanus Maior.
b) Etwa um 54–52 v.Chr. schrieb der Politiker und Philosoph Cicero sein Werk über den römischen Staat und die römische Verfassung (*De re publica*). Er will seine Leser davon überzeugen, dass der römische Staat nur durch Rückbesinnung auf diese Wert-

vorstellungen und durch Abkehr der herrschenden Politiker von Eigennutz und Ungerechtigkeit vor Spaltung und Zerstörung bewahrt werden kann. Im zweiten Buch dieses Werkes zeigt er, wie der römische Staat langsam und durch Einsicht seiner Führer und Bewohner zur Größe gewachsen ist. Im fünften Buch des Werkes will er das Verhalten guter Bürger schildern und leitet dies mit dem Vers des Ennius ein. Er hält ihn für prophetisch. »Denn weder die Männer, wenn nicht das Volk diese Sitten gehabt hätte, noch die Sitten des Volkes, wenn nicht diese Männer an der Spitze gestanden hätten, hätten einen so großen und so umfassend und weithin herrschenden Staat entweder gründen oder so lange halten können. Daher hat vor unserer Zeit die ererbte Sitte von sich aus überragende Männer zur Mitwirkung herangezogen, und ebenso haben die herausragenden Männer an der Sitte und den Einrichtungen der Vorfahren mit Nachdruck festgehalten.« (§ 1) Die Gestalt des römischen Staats lasse sich in seiner Zeit kaum noch erkennen. »Was besteht denn noch von den alten Sitten, durch die – wie jener sagte – die Sache Roms besteht?« Sie seien vergessen. »Die Sitten sind doch durch Mangel an Männern untergegangen. Für dieses riesige Übel müssen wir uns nicht nur verantworten, sondern auch wie Angeklagte in einem Kapitalprozess in gewisser Weise verteidigen. Durch unsere eigenen Fehler nämlich, nicht durch irgendeinen unglücklichen Zufall, halten wir die Staatsverfassung dem Wort nach noch fest, haben sie aber tatsächlich schon längst verloren.« (§ 2)

c) Der Dichter Vergil schrieb in den Jahren 29–19 v.Chr. (also in den letzten Lebensjahren des Nepos oder kurz nach seinem Tod) sein Epos *Aeneis*. Darin schildert er die Leiden und Kämpfe des Aeneas, der als Sohn der Göttin Venus und des Trojaners Anchises und als »Ahnherr« aller Römer angesehen wurde. In der Unterwelt sagt Anchises seinem Sohn Aeneas die Zukunft Roms voraus. Er erkennt die kulturellen und wissenschaftlichen Leistungen anderer Völker an und gibt den Römern eine weltgeschichtliche Aufgabe (*Aeneis* 6, 851–853):

Tu regere imperio populos, Romane, memento
(hae tibi erunt artes) pacique imponere morem,
parcere subiectis et debellare superbos.

»Du, Römer, sollst das Wissen haben, mit deiner Herrschaft Staatsvölker zu regieren (diese deinen Eigenschaften entsprechende Fähigkeiten wirst du haben) und auf einem Vertragsschluss die durch Gewöhnung erworbene Haltung zu errichten, zu schonen die Unterworfenen und im Krieg in den Boden zu kämpfen die anmaßend Stolzen.«

Arbeitsaufträge zu *Hannibal* 8

1. a) Welche Eigenschaften und Fähigkeiten werden in c. 8 an Hannibal hervorgehoben?
b) Inwiefern zeigen sich Unterschiede zu seinem bisher dargestellten Auftreten?

2. a) Wann wurde Antiochus bereits erwähnt?
b) Was war damals Darstellungsziel, was ist es jetzt?

c) In Wirklichkeit errang Hannibal mit seiner Flottenabteilung keinen Sieg (→ Begleittext 1). Warum stellt es Nepos anders dar?

3. Mit welchen Mitteln stellt Nepos in c. 8 Bezüge zwischen Personen oder Ereignissen her? Berücksichtige: Gleichsetzungen, Kontraste, Vergleiche und Grundwissen 5, Nr. 2.

Begleittext zu *Hannibal* c. 8

1. Schon nach seinem Sieg über die Römer bei Cannae hatte sich Hannibal 215 v.Chr. mit Philipp V. von Makedonien verbündet. Philipp sollte mit einem Invasionsheer in Italien landen und mit Hannibal zusammen Rom endgültig niederringen. Aber die Römer versperrten Philipp die Häfen und verhinderten so im Ersten Makedonischen Krieg 215–205 sein Eingreifen in Italien. Als sich Philipp 203 mit dem syrischen König Antiochus III. (Regierungszeit 233–187) verbündet hatte, um mit ihm ehemals ägyptisch beherrschte Gebiete aufzuteilen, wollten die Römer auch diesen Machtzuwachs verhindern und schlugen ihn im Zweiten Makedonischen Krieg 197 v.Chr. bei Kynoskephalai (in Thessalien in Nordgriechenland). Der siegreiche römische Feldherr Titus Quinctius Flamininus verkündete 196 die Freiheit aller griechischen Städte und Gebiete, die vorher unter makedonischer Herrschaft gestanden hatten. (Flamininus ist nicht zu verwechseln mit Gaius Flaminius, dem Verlierer der Schlacht am Trasimenischen See 217 v.Chr.)

Arbeitsaufträge zu *Hannibal* c. 9

1. a) Stelle in einer Tabelle dar, wie die Handlung erzählt wird (→ Grundwissen 4.2).

Konnek- toren	Vor- oder Begleithandlung	Erzähletappe	Nachgeschehen, Wirkung, Absicht, Folge
	verens	venit	ut consideraret

b) Gliedere das Kapitel unter Berücksichtigung der verwendeten Tempora.

2. Das Kapitel steht unter dem Spannungsverhältnis von der Gier der Kreter (*avaritia*) und der Vorsicht und dem vorausschauenden Denken Hannibals (*providere*). Lies unter diesem Gesichtspunkt das Kapitel und erstelle eine Sammlung zu den beiden Gesichtspunkten:

avaritia	providere
	capit tale consilium (Plan Hannibals)
Gewicht	amphoras complet plumbo (Blei in die Amphoren)
wertvolles Aussehen	summas operit auro et argento (Silberschicht oben drauf)

3. Welche grammatischen und stilistischen Eigenarten unterstreichen den Erzählton oder den Witz? Berücksichtige: Satzbau; Wortstellung; Grundwissen 5, Nr. 10 und 12; nachträgliche Kommentierung des Dargestellten (so genannte Pointe).

4. Wo schaltet sich Nepos mit eigenen Erläuterungen oder Überlegungen ein und warum?

5. a) Wie wird Hannibal in c. 9 charakterisiert und wie passt dies zu früheren Darstellungen in der Biographie? (→ Arbeitsauftrag 6 zu c. 6)

b) Wie erweist sich Hannibal als Kenner der menschlichen Seele?

6. Versucht eine szenische Darstellung des Kapitels.

Arbeitsaufträge zu *Hannibal* c. 10–11

1. Gliedere c. 10–11. Berücksichtige dabei: a) die verwendeten Tempora (→ Grundwissen 4.2); b) die ausdrückliche Verbindung mancher Sätze durch relativ(isch)e Anschlüsse und andere Rückverweise (→ Grammatik S. 13 f.).

2. Welcher Satz in c. 10–11 könnte die Überschrift sein?

3. Stelle Ablauf und Einzelheiten des Textes unter dem Gesichtspunkt der *evidentia* dar (→ Grundwissen 5, Nr. 8).

4. Wie erzeugt Nepos Spannung?

5. a) Zeige stilistische Eigenarten und ihre Wirkungen in c. 10–11. Berücksichtige: Grundwissen 5, Nr. 2, 7, 9; Wortstellung; Kürze oder umständliche Formulierung.

b) Zeige stilistische Eigenarten im Schlusssatz von c. 11 und beurteile dessen Wirkung (→ Grundwissen 5, Nr. 2, 4, 12).

6. a) Wo verwendet Nepos direkte, wo indirekte Charakterisierung (→ Grundwissen 4.4)?

b) Wie wird Hannibal insgesamt charakterisiert?

7. Schreibe eine Reportage unter Berücksichtigung der Ergebnisse aus den Arbeitsaufträgen 1, 3, 4 und 6.

Arbeitsaufträge zu *Hannibal* c. 12

1. Gliedere c. 12 unter Berücksichtigung der Verweisformen (→ Grundwissen 6) und der genannten Schauplätze.

2. a) Stelle die Hauptsatztempora in c. 12 fest.

b) Was fällt im Unterschied zu c. 10–11 auf?

c) Welches Darstellungsziel haben dementsprechend die Kapitel 10–11, welches hat Kapitel 12?

3. Wo greift Nepos mit eigenen Wertungen ein und mit welchem Ziel?

4. a) Wie ist Hannibal charakterisiert (→ Grundwissen 4.4)?

b) Vgl. dies mit früheren Charakterisierungen.

c) Erstelle eine neue Charakterkurve nach eigenen Kriterien oder nach den in Arbeitsauftrag 6 zu c. 6 vorgeschlagenen. Vergleiche die neue Wertung mit der früheren.

5. Beurteile Hannibals Selbstmord (→ Begleittext 1).

6. Schildere die Haltung des Prusias und versuche sie zu erklären.

7. Schildere das Verhalten der Römer und vergleiche dazu: a) Begleittext 3 zu c. 7; b) Begleittext 2; c) die Informationen aus den Kapiteln 1–11; d) moderne Parallelen zum Verhalten der Römer.

8. Führe die in Arbeitsauftrag 4 zu c. 1 begonnene Übersicht über die Eigenschaften Hannibals und der Römer fort.

9. Vgl. Abb. 7 mit c. 12: Haltung Hannibals, Auftreten der Römer, Haltung anderer anwesender Personen.

Begleittexte zu *Hannibal* c. 12

1. In vielen Zeiten der Antike war es nach allgemeiner Auffassung und der Lehre vieler Philosophen in auswegloser Situation moralisch gerechtfertigt, Selbstmord zu begehen. Erst das Christentum verurteilte den Selbstmord als Eingriff in Gottes Willen. – Wäre Hannibal lebendig in die Hände der Römer gefallen, so wäre ihm das Los vieler Römerfeinde nicht erspart geblieben: Er wäre als Gefangener nach Rom geführt, in einem Triumphzug gezeigt und dann umgebracht worden.

2. Auch später – bis heute – ist die Bedrohung der Römer durch Hannibal und seine Überwindung Anlass dazu geworden, über die Bedingungen militärischen und politischen Erfolges, über die Ursachen der Größe eines Staates und seines Bestehens und über die Eigenarten eines großen Menschen nachzudenken.

Arbeitsaufträge zu *Hannibal* 13 und zur Gesamtbetrachtung

1. Gliedere das Kapitel 13.

2. Werte Inhalt und Form des ersten Satzes aus.

3. Was bringt c. 13 grundsätzlich Neues gegenüber den Kapiteln 1–12?

4. a) Prüfe die Gliederung der Hannibal-Biographie (→ Einleitung 4).
b) In welchem Kapitel wird die entscheidende Wende in Hannibals Lebenslauf geschildert? Zeige die zentrale Stellung dieses Kapitels.

c) Warum hat Nepos seine Hannibalbiographie nicht mit dem wirkungsvollen c. 12, sondern mit c. 13 beendet? Berücksichtige die Gliederung (→ Einleitung 4) und die Informationen über die Zeit des Nepos (→ Einleitung 5).
d) Inwiefern sind schon in c. 1 der Hannibalbiographie die wesentlichen Merkmale von Hannibals Leben formuliert?

Arbeitsaufträge zu »Livius über Hannibal«

1. Zeige in der Hannibalbiographie des Nepos Beispiele für folgende von Livius genannte Charakterzüge Hannibals: a) *plurimum audaciae ad pericula capessenda* (7); b) *plurimum consilii inter ipsa pericula* (7); c) *nullo labore corpus fatigari poterat* (8); d) *nullo labore animus vinci poterat* (8); e) *perfidia plus quam Punica* (12); f) *nihil veri, nihil sancti* (12).

2. a) Vgl. die Charakterisierung Hannibals durch Livius mit der, die Nepos in c. 1 gibt.
b) Wo spricht Livius römische Vorurteile an?
c) Prüfe die Hannibalbiographie des Nepos darauf, ob auch er solche Vorurteile zeigt.
d) Erstelle zum Abschluss gegebenenfalls neue Charakter- / Sympathiekurven zu Hannibal und zum Verhalten Roms und seiner politischen Führer. Berücksichtige auch

Einleitung 3 (Livius, Polybios). Verfahre nach dem Muster unten. Beurteilungskriterien könnten sein: gerecht, ungerecht, gewalttätig, grausam, intelligent, brutal, freundlich, gebildet, psychisch geschädigt, Rückhalt in der Bevölkerung.

Beispiel : Charakterkurve für Herrscher

	stark	mittel	wenig	gar nicht
gerecht				
ungerecht				
gewalttätig				
grausam				
intelligent				
brutal				
freundlich				
gebildet				
psychisch geschädigt				
Rückhalt in der Bevölkerung				

Begründe deine Wertung mit Anmerkungen wie auf S. 57 im Arbeitsauftrag 5 zu *Hannibal 6* vorgeschlagen.

VII. Lernvokabeln

Die Lernvokabeln kann man vor der Lektüre wiederholen. Man kann aber auch Teile davon gezielt vor oder nach der Lektüre einzelner Kapitel lernen. Im Folgenden die jeweiligen Vokabelnummern:

Ham. 1: 7, 10, 15, 17, 23, 25, 33, 39, 57, 65, 67, 69, 80, 96, 101, 107, 119, 122, 149, 156, 168, 186, 187, 192, 196, 206, 253, 258, 277, 278
Ham. 4: 24, 27, 91, 98, 113, 118, 138, 154, 174, 188, 213, 224, 254
Hann. 1: 12, 37, 51, 73, 75, 85, 112, 141, 167, 175, 189, 201, 209, 221, 275
Hann. 2: 3, 9, 28, 32, 44, 53, 61, 104, 143, 146, 148, 150, 151, 202, 203, 215, 239, 260, 282
Hann. 3: 38, 46, 47, 50, 59, 70, 93, 99, 108, 130, 131, 164, 219, 222, 231, 256, 279
Hann. 4: 36, 58, 116, 134, 161, 172, 210, 211, 217, 240
Hann. 5: 4, 19, 30, 40, 76, 83, 135, 160, 223, 237, 262, 267, 269
Hann. 6: 43, 48, 64, 89, 114, 140, 177
Hann. 7: 31, 45, 62, 77, 84, 95, 109, 120, 133, 145, 153, 169, 218, 235, 242, 244, 245, 259, 270
Hann. 8: 26, 60, 72, 79, 183, 193, 194, 199, 252
Hann. 9: 1, 2, 16, 20, 22, 52, 63, 66, 94, 100, 204, 220, 274
Hann. 10: 14, 124, 200, 227, 241, 268, 271, 272
Hann. 11: 6, 54, 68, 90, 92, 115, 142, 159, 179, 181, 208, 214, 216, 225, 234, 243, 249, 261, 280
Hann. 12: 8, 34, 35, 55, 56, 97, 121, 123, 139, 147, 165, 170, 172, 185, 228, 230, 233, 238, 247, 255, 273
Hann. 13: 82, 111, 184, 248, 265, 281

1	**accídere**, áccidit	sich ereignen
2	**accidit**, ut	es passiert *oder* es kommt vor, dass
3	**accipere**, accipiō, accēpī, acceptum	annehmen
4	**aciēs**, ēī *f.*	Heer(esordnung); Schärfe; Schlacht
5	**addūcere**, addūcō, addūxī, adductum	heranführen
6	**adorīrī**, adorior, adortus sum	angreifen
7	**adversārius**, ī *m*	Gegner
8	**aliēnus**, a, um	fremd
9	**amīcitia**, ae *f.*	Freundschaft
10	**āmittere**, āmittō, āmīsī, āmissum	verlieren
11	**angustiae** (locōrum), angustiārum *f.*	Engpass
12	**anima**, ae *f.*	Leben
13	**animus**, ī *m.*	Geist, Mut, Gesinnung
14	**arbitrārī**, arbitror, arbitrātus sum	glauben

15	**arbitrium**, ī *n.*	Entscheidung
16	**argentum**, ī *n.*	Silber
17	**arma**, ōrum *n.*	Waffen
18	**armātus**, ī *m.*	Bewaffneter
19	**audēre**, audeō, ausus sum	wagen
20	**aurum**, ī *n.*	Gold
21	**auxilia**, ōrum *n.*	Hilfstruppen
22	**avāritia**, ae *f.*	Habsucht
23	**bellāre**, bellō	Krieg führen
24	**bellicōsus**, a, um	kriegerisch
25	**bellum**, ī *n.*	Krieg
26	**bellum agere**, agō, ēgī, āctum	Krieg führen
27	**bellum īnferre**, īnfero, intulī, illātum	jdm. den Krieg erklären, den Krieg beginnen mit …
28	**bellum parāre**, parō, parāvī	Krieg vorbereiten
29	**calamitās**, ātis *f.*	Unglück, Verlust
30	**callidus**, a, um	schlau
31	**captīvus**, ī *m.*	(Kriegs-)Gefangener
32	**castra**, ōrum *n.*	Lager (der Soldaten)
33	**cēdere**, cessī, cessum	gehen, weichen, nachgeben
34	**celer**, celeris, celere	schnell
35	**cēnāre**, cēnō, cēnāvī, cēnātum	zu Abend essen
36	**circumvenīre**, circumveniō, circumvēnī, circumventum	umzingeln
37	**cīvis**, is *m.*	Bürger
38	**cīvitās**, ātis *f.*	(Stadt-)Staat
39	**classis**, is *f.*	Flotte
40	**claudere**, claudō, clausī, clausum	(ein)schließen
41	**coepisse**, coepī	*Perf. zu* incipere ›beginnen‹
42	**cognōscere**, cognōscō, cognōvī, cognitum	erkennen, erfahren
43	**colloquium**, ī *n.*	Gespräch
44	**comperīre**, comperiō, cómperī, compertum	erfahren
45	**comprehendere**, comprehendō, comprehendī, comprehēnsum	ergreifen
46	**cōnārī**, cōnor, cōnātus sum	versuchen
47	**concīdere**, concīdō, concīdī, concīsum	(zusammen)schlagen, niederwerfen
48	**condiciō**, ōnis *f.*	(Verhandlungs-)Bedingung
49	**cōnficere**, cōnficiō, cōnfēcī, cōnfectum	ausführen, erledigen
50	**cōnflīgere**, cōnflīgō, cōnflīxī, cōnflīctum	kämpfen
51	**congredī**, congredior, congressus sum	*(feindlich)* zusammentreffen, kämpfen
52	**cōnsīderāre**, cōnsīderō, cōnsīderāvī, cōnsīderātum	überlegen
53	**cōnsilium**, ī *n.*	Rat, Beratung, Plan
54	**cōnspicere**, cōnspiciō, cōnspexī, cōnspectum	sehen, erblicken

55	**cōnsuēscere**, cōnsuēscō, cōnsuēvī, cōn-suētum	sich gewöhnen, *Perf.:* gewohnt sein
56	**cōnsuētūdō**, dinis *f.*	Gewohnheit
57	**cōnsul**, is *m.*	Konsul
58	**cōnsulāris**, is *m.*	Konsular, *ehemaliger Konsul*
59	**cōpiae**, ārum *f.*	Truppen
60	**cornū**, ūs *n.*	Abteilung, Flügel *eines Heeres*
61	**corrumpere**, corrumpō, corrūpī, cor-ruptum	verderben, bestechen
62	**creāre**, creō, creāvī, creātum	wählen, (er)schaffen
63	**crēdere**, crēdō, crēdidī, crēditum	glauben, anvertrauen
64	**cupere**, cupiō, cupīvī, cupītum	begehren
65	**cupiditās**, ātis *f.*	Begierde
66	**cūstōdīre**, cūstōdiō, cūstōdīvī, cūstōdītum (ā)	bewachen (vor)
67	**dēcēdere**, dēcēdō, dēcessī, dēcessum + *Abl.* (*der Trennung*)	weggehen, abrücken von
68	**dēclārāre**, dēclārō, dēclārāvī, dēclārātum	kenntlich machen
69	**dēfendere**, dēfendō, dēfendī, dēfēnsum (ā)	verteidigen (gegen), abwehren
70	**dēferre**, dēferō, dētulī, dēlātum	übertragen, berichten
71	**dēlēre**, dēleō, dēlēvī, dēlētum	zerstören
72	**dēserere**, dēserō, dēseruī, dēsertum	im Stich lassen
73	**dēsistere**, dēsistō, dēstitī	aufhören
74	**dēspērātiō**, ōnis *f.*	Verzweiflung
75	**dēvincere**, dēvincō, dēvīcī, dēvictum	(völlig) besiegen
76	**dictātor**, ōris *m.*	Diktator
77	**dīligentia**, ae *f.*	Sorgfalt, Umsicht
78	**dīligere**, dīligō, dīlēxī, dīlēctum	lieben
79	**dīmicāre**, dīmicō, dīmicāvī, dīmicātum	(um die Entscheidung) kämpfen
80	**discēdere**, discēdō, discessī, discessum	weg-, herausgehen
81	**diūtius** *Adv.*	länger(e Zeit)
82	**doctor**, ōris *m.*	Lehrer
83	**dolus**, ī *m.*	List
84	**dōnāre**, dōnō, dōnāvī, dōnātum (aliquem aliquā rē)	(jdm. etwas) schenken
85	**dubitāre**, dubitō, dubitāvī, dubitātum	(be)zweifeln, zögern
86	**dubitāre**, quīn	daran zweifeln, dass
87	**dubitāre** + *Inf.*	zögern
88	**efficere**, efficiō, effēcī, effectum (ut)	bewirken, erreichen (dass)
89	**effugere**, effugiō, effūgī	entfliehen
90	**ēgredī**, ēgredior, ēgressus sum	hinausgehen, herauskommen
91	**eō perdūcere**, perdūxī, perductum, ut	dahin bringen, dass
92	**epistula**, ae *f.*	Brief
93	**equitātus**, ūs *m.*	Reiterei, Kavallerie
94	**error**, ōris *m.*	Irrtum
95	**ex(s)ul**, ex(s)ulis *m.*	Verbannter
96	**exercitus**, ūs *m.*	Heer

97	**exīstimāre**, exīstimō, exīstimāvī, exīstimātum	glauben
98	**experīrī**, experior, expertus sum + *Akk.*	jdn. auf die Probe stellen, mit jdm. bis zur Entscheidung kämpfen
99	**expūgnāre**, expūgnō, expūgnāvī, expūgnātum	erobern
100	**fāma**, ae *f.*	Gerücht, Ruf
101	**ferōcia**, ae *f.*	Starrsinn, Trotz
102	**ferrum**, ī *n.*	Eisen, Schwert
103	**fīdere**, fīdō, fīsus sum	glauben, vertrauen
104	**fidēs**, eī *f.*	Treue, Vertrauen
105	**fīnēs**, ium *m. Pl.*	Gebiet
106	**fīnis**, is *m.*	Grenze
107	**flāgitium**, ī *n.*	Untat, Schande
108	**foederātus**, a, um	verbündet
109	**foedus**, eris *n.*	Vertrag, Bündnis
110	**fore** *und* **futūrum** (esse)	*Inf. Futur (Aktiv) zu* esse
111	**fortis**, e	tapfer
112	**fortitūdō**, dinis *f.*	Tapferkeit
113	**fortūna**, ae *f.*	Schicksal, Glück
114	**fuga**, ae *f.*	Flucht
115	**fugā salūtem petere**, petō	seine Rettung in der Flucht suchen
116	**fugāre**, fugō, fugāvī, fugātum	in die Flucht schlagen
117	**gener**, erī *m.*	Schwiegersohn
118	**gēns**, gentis *f.*	Volk(sstamm)
119	**gerere**, gerō, gessī, gestum	tun, (aus)führen; *Pass.*: geschehen, in einem … Zustand sein
120	**grātiās agere**, agō, ēgī	Dank sagen
121	**hospitium**, ī *n.*	Gastfreundschaft
122	**hostis**, is *m.*	(Staats-)Feind
123	**iānua**, ae *f.*	Tür
124	**illūdere**, illūdō, illūsī, illūsum	hinters Licht führen, verspotten
125	**imperātor**, ōris *m.*	Feldherr, Oberbefehlshaber
126	**imperium**, ī *n.*	Herrschaft(sbereich), Befehl(sgewalt)
127	**impetrāre**, ímpetrō, impetrāvī, impetrātum	erlangen, erreichen, durchsetzen
128	**incendere**, incendō, incendī, incēnsum	anzünden
129	**incipere**, incipiō, coepī, coeptum	beginnen
130	**incola**, ae *m.*	Einwohner
131	**inermis**, e	unbewaffnet
132	**īnfēstus**, a, um	feindlich
133	**inimīcus**, a, um	feindlich, Feind
134	**īnsidiae**, ārum *f.*	Hinterhalt, Falle; *(heimtückische)* Anschläge
135	**intellegere**, intéllegō, intellēxī, intellēctum	verstehen
136	**interdīcere**, interdīcō, interdīxī, interdictum + *Dat. der Person, Abl. der Sache*	(jdm. etw.) untersagen, verbieten

137	**interficere**, interficiō, interfēcī, interfectum	töten
138	**interire**, intéreō, intérīī, intéritum	untergehen
139	**invenīre**, inveniō, invēnī, inventum	finden
140	**invictus**, a, um	unbesiegt
141	**invidia**, ae *f.*	Missgunst, Hass, Neid
142	**irrīdēre**, irrīdō, irrīsī, irrīsum	verspotten
143	**iubēre**, iúbeō, iussī, iussum	befehlen
144	**iubērī**, iubeor, iussus sum + *Inf.*	den Befehl haben *oder* bekommen (zu)
145	**iūdicāre**, iūdicō, iūdicāvī, iūdicātum	(ver)urteilen, richten
146	**iūrāre**, iūrō, iūrāvī, iūrātum	schwören
147	**iūs**, iūris *n.*	Recht
148	**iūsiūrandum**, iūsiūrandī *n.*	Eid, Schwur
149	**lacessere**, lacessō, lacessīvī, lacessītum	reizen, herausfordern
150	**lēgātus**, ī *m.*	Gesandter
151	**libenter** *Adv.*	gern
152	**loquī**, loquor, locūtus sum	sagen, schwätzen
153	**magistrātus**, ūs *m.*	Beamter, Amt
154	**mālle**, mālō, māluī	lieber wollen
155	**malum**, ī *n.*	Not, Übel
156	**mēns**, mentis *f.*	Geist, Gesinnung
157	**mīles**, mīlitis *m.*	Soldat
158	**mīrārī**, mīror, mīrātus sum (+ *Akk.*)	sich wundern (über)
159	**modo** *Adv.*	nur
160	**morārī**, moror, morātus sum	sich aufhalten
161	**morbus**, ī *m.*	Krankheit
162	**mors**, mortis *f.*	Tod
163	**mōs**, mōris *m.*	Sitte, Brauch
164	**mūnīre**, mūniō, mūnīvī, mūnītum	befestigen
165	**mūnus**, eris *n.*	Geschenk; Amt
166	**mūrus**, ī *m.*	(Befestigungs-)Mauer
167	**nātiō**, ōnis *f.*	Volk(sstamm)
168	**negāre**, negō, negāvī + *A.c.i.*	sagen, dass … nicht
169	**obses**, idis *m.*	Geisel
170	**obsidēre**, obsídeō, obsēdī, obsessum	belagern
171	**occīdere**, occīdō, occīdī, occīsum	töten
172	**occupāre**, óccupō, occupāvī, occupātum	besetzen
173	**oculus**, ī *m.*	Auge
174	**odium**, ī *n.*	Hass
175	**opēs**, opum *f.*	(Macht-)Mittel, Reichtum
176	**oppidum**, ī *n.*	Stadt
177	**opprimere**, ópprimō, oppressī, oppressum	bedrängen , überwältigen
178	**oppūgnāre**, oppūgnō, oppūgnāvī, oppūgnātum	angreifen, bestürmen
179	**ostendere**, ostendō, ostendī, ostentum	zeigen
180	**ōtium**, ī *n.*	Muße, Ruhe
181	**palam facere**, faciō, fēcī	veröffentlichen, erklären

182	**pār,** *Gen.* paris	gleich, gleich stark; angemessen
183	**pārēre,** pāreō, pāruī	gehorchen
184	**patī,** patior, passus sum	dulden, zulassen, erlauben
185	**patrēs cōnscrīptī,** patrum cōnscrīptōrum *m.*	Väter und Beigeordnete *(Senatoren)*
186	**patria,** ae *f.*	Heimat(stadt, -land)
187	**pāx,** pācis *f.*	Vertrag(szustand), Frieden
188	**pecūnia,** ae *f.*	Geld
189	**pellere,** pellō, pepulī, pulsum	vertreiben, in die Flucht schlagen
190	**peragere,** peragō, perēgī, perāctum	vollbringen
191	**perīre,** pereō, periī	untergehen
192	**permittere,** permittō, permīsī, permissum	überlassen
193	**persuādēre,** persuādeō, persuāsī + *A.c.i.*	(davon) überzeugen, dass
194	**persuādēre,** persuādeō, persuāsī, persuāsum, ut	(dazu) überreden ... zu *(+ Inf.)*
195	**(per)terrēre,** pertérreō, perterruī, per-territum	(völlig) erschrecken, in Panik versetzen
196	**pertinācia,** ae *f.*	Hartnäckigkeit
197	**pervenīre,** perveniō, pervēnī, perventum	kommen
198	**petere,** petō, petīvī, petītum + *Akk.*	streben nach, bitten um
199	**poena,** ae *f.*	Strafe
200	**pollicērī,** pollíceor, pollicitus sum	versprechen
201	**populus,** ī *m.*	Volk
202	**pōstulāre,** pōstulō, pōstulāvī, pōstulātum	fordern
203	**potēns,** entis	mächtig
204	**potestās,** tātis *f.*	Macht *(die durch ein staatliches Amt verliehen ist)*
205	**potius** *Adv.*	lieber, eher
206	**praeesse,** praesum, praefuī + *Dat.*	leiten, kommandieren, befehligen
207	**praefectus,** ī *m.*	Aufseher
208	**praesidium,** ī *n.*	Schutz(truppe); Stützpunkt
209	**praestāre,** praestō, praestitī	übertreffen
210	**praetor,** ōris *m.*	Praetor
211	**premere,** premō, pressī, pressum	bedrängen, beeinträchtigen
212	**prīnceps,** cipis *m.*	Erster, Oberhaupt
213	**proelium,** ī *n.*	Gefecht, Kampf
214	**proelium committere,** committō, com-mīsī, commissum	den Kampf beginnen
215	**proficīscī,** proficīscor, profectus sum	(los)marschieren, aufbrechen
216	**profitērī,** profiteor, professus sum	erklären
217	**prōflīgāre,** prōflīgō, prōflīgāvī, prōflīgātum	(in die Flucht) schlagen
218	**profugere,** profugiō, profūgī	fliehen
219	**prohibēre,** prohibeō, prohibuī, prohibitum + *Abl. (der Trennung)*	an etw. hindern
220	**prōvidēre,** prōvideō, prōvīdī, prōvīsum	voraussehen, Vorsorge treffen

221	**prūdentia**, ae *f.*	Klugheit
222	**pūblicē** *Adv.*	öffentlich
223	**pūgna**, ae *f.*	Schlacht
224	**pūgnāre**, pūgnō, pūgnāvī, pūgnātum	kämpfen
225	**quaerere**, quaerō, quaesīvī, quaesītum	suchen; fragen
226	**quaerere ā / ab aliquō**	jdn. fragen
227	**ratiō**, ōnis *f.*	Vernunft, Plan
228	**recūsāre**, recūsō, recūsāvī, recūsātum	zurückweisen, sich weigern, zu …
229	**reddere**, reddō, reddidī, redditum	wiederbringen
230	**rēgnum**, ī *n.*	(König-)Reich
231	**relinquere**, relinquō, relīquī, relictum	zurücklassen
232	**removēre**, remóveō, remōvī, remōtum	entfernen, beseitigen
233	**renūntiāre**, renūntiō, renūntiāvī, renūntiātum	melden, berichten
234	**reperīre**, repériō, répperī, repertum	finden
235	**rērī**, reor, ratus sum	glauben
236	**rēs pūblica**, reī pūblicae *f.*	Staat
237	**resistere**, resístō, réstitī	Widerstand leisten
238	**retinēre**, retíneō, retínuī, retentum	behalten
239	**rēx**, rēgis *m.*	König
240	**saucius**, a, um	verwundet
241	**scīre**, sciō, scī(v)ī, scītum	wissen
242	**sē praebēre**, mē praebeō, mē praebuī	sich bewähren
243	**sē recipere**, mē recipiō, recēpī, receptum	sich zurückziehen
244	**senātūs cōnsultum**, senātūs cōnsultī *n.*	Senatsbeschluss
245	**senātus**, ūs *m.*	Senat
246	**sententia**, ae *f.*	Meinung, Plan
247	**sentīre**, sentiō, sēnsī, sēnsum	(be)merken
248	**sermō**, ōnis *m.*	Gespräch, Sprache
249	**sīgnum** *(n.)* **pūgnae**, sīgnī pūgnae	Angriffssignal
250	**socer**, erī *m.*	Schwiegervater
251	**spērāre**, spērō, spērāvī, spērātum	hoffen
252	**spēs**, speī *f.*	Hoffnung
253	**statuere**, statuō, statuī, statūtum	beschließen
254	**subigere**, súbigō, subēgī, subāctum	unterwerfen
255	**sūmere**, sūmō, sūmpsī, sūmptum	nehmen, verbrauchen
256	**summa imperiī**, summae imperiī *f.*	Oberbefehl, Vorherrschaft
257	**superāre**, superō, superāvī, superātum	überwinden, übertreffen
258	**superior**, ius, *Gen.* superiōris	überlegen; Sieger
259	**suscipere**, suscipiō, suscēpī, susceptum	unternehmen
260	**suspiciō**, ōnis *f.*	Verdacht
261	**sustinēre**, sustineō, sustinuī, sustentum	ertragen
262	**terror**, ōris *m.*	Schrecken
263	**tollere**, tollō, sustulī, sublātum	wegnehmen; umbringen, aus dem Weg schaffen
264	**trānsīre**, trānseō, trānsiī, trānsitum	überschreiten
265	**tribúere**, tríbuō, tríbuī, tribūtum	zuweisen, widmen

266	**turpis**, e	schimpflich
267	**urbs**, urbis *f.*	(Haupt-)Stadt
268	**valēre**, valeō, valuī	stark sein
269	**vallum**, ī *n.*	(Befestigungs-)Mauer
270	**vectīgal**, vectīgālis *n.*	Steuer, Abgabe
271	**vehere**, vehō, vēxī, vectum + *Abl.*	(jdn.) mit *oder* auf etw. fahren
272	**vehī**, vehor, vectus sum	gefahren werden, fahren
273	**venēnum**, ī *n.*	Gift
274	**verērī**, vereor, veritus sum, nē	fürchten, dass
275	**vērus**, a, um	wahr
276	**vetāre**, vetō, vetuī, vetitum	verbieten
277	**vincere**, vincō, vīcī, victum	(be)siegen
278	**virtūs**, ūtis *f.*	Tüchtigkeit, Tapferkeit
279	**vīs**, *Akk.* vim, *Abl.* vī, *Pl.* vīrēs, vīrium *f.*	Kraft, Gewalt
280	**vītāre**, vītō, vītāvī, vītātum	meiden
281	**vīvere**, vīvō, vīxī	leben
282	**voluntās**, ātis *f.*	Wille, Absicht

VIII. Anhang

Literatur

Anselm, S.: Struktur und Transparenz. Eine literaturwissenschaftliche Analyse der Feldherrnviten des Cornelius Nepos, Stuttgart 2004 (Altertumswissenschaftliches Kolloquium 11).

Badisches Landesmuseum Karlsruhe (Hg.): Hannibal ad portas. Macht und Reichtum Karthagos, Stuttgart 2004 (Begleitbuch zur Großen Sonderausstellung des Landes Baden-Württemberg im Badischen Landesmuseum Karlsruhe, 25.9.2004–30.1.2005)

Barceló, P.: Hannibal. 2. Auflage, München 2003.

Barceló, P.: Hannibal. Stratege und Staatsmann, Stuttgart 2004.

Christ, K.: Hannibal, Darmstadt 2003.

Dihle, A.: Die Entstehung der historischen Biographie, Heidelberg 1987.

Glücklich, H.-J.: Hannibal in Texten, Gemälden und Filmen, in: B. Dunsch / F. Prokoph (Hg.): Geschichte und Gegenwart. Beiträge zu Cornelius Nepos aus Forschung und Unterrichtspraxis (Reihe: Philippika. Marburger Altertumswissenschaftliche Abhandlungen), Wiesbaden 2011.

Glücklich, H.-J.: Hannibal – bei Nepos, auf Bildern und in Filmen, in: R. Kussl (Hg.): Dialog Schule-Wissenschaft – Klassische Sprachen und Literaturen – Band 45, Speyer 2011.

Heftner, H.: Der Aufstieg Roms: vom Pyrrhoskrieg bis zum Fall von Karthago (280–146 v.Ch.). 2. verbesserte Auflage, Regensburg 2005.

Holzberg, N.: Literarische Tradition und politische Aussage in den Feldherrnviten des Cornelius Nepos; in: Anregung 35, 1989, 14–27.

Holzberg, N.: Von Cato bis Carolus: Anregungen zur Lektüre lateinischer Biographien; in: R. Kussl (Hg.): Präsenz der Antike, Speyer 2006 (Dialog Schule-Wissenschaft, Klassische Sprachen und Literaturen 40), 43–58.

Müller, J.-F. / Müller, St. / Richter, T.: Die Hannibal-Tragödie des Cornelius Nepos; in: Der Altsprachliche Unterricht 43,6, 2000, 49–60.

Mutschler, F.-H.: Geschichtsbetrachtung und Werteorientierung bei Nepos und Sallust; in: A. Haltenhoff / A. Heil (Hg.): O tempora, o mores. Römische Werte und römische Literatur in den letzten Jahrzehnten der Republik, München / Leipzig 2003, 259–285.

Röhrig, T.: Dank gebührt Hannibal. Seine Alpenüberquerung mit 60.000 Mann und 37 Elefanten, Würzburg 1981 (tagebuchartiger Bericht über Hannibals Alpenüberquerung und Bericht über die Entstehung eines entsprechenden Fernsehfilms).

Schönberger, O.: Cornelius Nepos – ein mittelmäßiger Schriftsteller; in: Die alten Sprachen im Unterricht (DASiU) 30,2, 1983, 20–30.

Schönberger, O.: Cornelius Nepos; in: O. Schönberger: Von Nepos bis zum Neuen Testament, Interpretationen lateinischer Prosatexte, Bamberg 1996 (Auxilia 14).

Seibert, J.: Hannibal, Darmstadt 1993.

Seibert, J.: Forschungen zu Hannibal, Darmstadt 1993.

Seibert, J.: Hannibal. Feldherr und Staatsmann, Mainz 1997 (Antike Welt, Sonderheft; Zaberns Bildbände zur Archäologie).

Stolz, Chr.: Interpretationsbeispiele zu C. Nepos; in: Der Altsprachliche Unterricht 13,3, 1970, 19–42.

Tuplin, Chr.: Nepos and the Origins of Political Biography; in: C. Deroux (Hg.): Studies in Latin Literature and Roman History, Tome X (Collection Latomus 254), Brüssel 2000, 124–161.

Tichener, F.: Cornelius Nepos and the Biographical Tradition; in: Greece & Rome 50, 2003, 85–99.

Zimmermann, K.: Rom und Karthago, Darmstadt 2005.

Übersetzungen

Polybios: Geschichte. Übersetzt von H. Drexler. 2 Bde., Zürich 1961–1963 (Bibliothek der Alten Welt).

Nepos: Berühmte Männer / De viris illustribus, hg. und übers. von M. Pfeiffer, Düsseldorf / Zürich 2006 (Sammlung Tusculum).

Cornelius Nepos: De viris illustribus / Biographien berühmter Männer. Lateinisch / Deutsch, hrsg. u. übers. von P. Krafft / F. Olef-Krafft, Stuttgart 1993 (Reclams Universalbibliothek).

Livius: Titus Livius, Der Punische Krieg, übers. und hg. von H. A. Gärtner, Stuttgart 1968 (Sammlung Kröner) (= ab urbe condita Buch 21–30).

Livius. Römische Geschichte / Ab urbe condita, Gesamtausgabe in 11 Bänden, hg. von H. J. Hillen. Bände 4–6 (= Bücher 21–30), übers. von J. Feix, Zürich / Düsseldorf (seit 1974).

Livius, Ab urbe condita. Römische Geschichte. Bücher 21–27 in Einzelausgaben, Lateinisch / Deutsch, übers. und hg. von U. Blank-Sangmeister, Stuttgart o. J. (Reclam Universalbibliothek).

Pompeius Trogus: siehe Iustinianus

Silius Italicus: H. Rupprecht (Hg.): Punica. Das Epos vom Zweiten Punischen Krieg. Lateinischer Text mit Einleitung, Übersetzung, kurzen Erläuterungen, Eigennamenverzeichnis und Nachwort. 2 Bände, Mitterfels 1991.

Appian: Römische Geschichte, übers. von O. Veh. 2 Bde, Stuttgart 1987–89.

Cassius Dio: Cassius Dio, Römische Geschichte, übers. von O. Veh. 5 Bde., Düsseldorf 2007.

Iunianus Iustinianus: Pompeius Trogus. Weltgeschichte von den Anfängen bis Augustus, übers. von O. Seel, Zürich 1972.

Johannes Zonaras: Militärs und Höflinge im Ringen um das Kaisertum. Byzantinische Geschichte von 969 bis 1118, übers. von E. Trapp, Graz / Wien / Köln 1986 (Übersetzung der Bücher 17 und 18).

Filme zu Hannibal

Spielfilme über Hannibal

- **Cabiria**, Italien 1914 (Stummfilm) – Premiere 18.4.1914; überarbeitete Fassung: 1931 – 114 min.

Cabiria ist der erste Monumentalfilm der Filmgeschichte. Im Mittelpunkt stehen menschliche Römer und barbarische Karthager. Vor dem Zweiten Punischen Krieg wird die kleine Cabiria auf Sizilien von Räubern gekidnappt und an Karthago verkauft. Sie wird dort mit anderen Kindern in einer Betreuungsanstalt aufbewahrt, in die regelmäßig Priester kommen und Kinder zur Opferung an den Gott Moloch aussuchen. Glücklicherweise befinden sich gerade zu Spionagezwecken der Römer Fulvio Axilla und sein starker Sklave und Freund Maciste in Karthago. Sie retten das Mädchen vor der Opferung. – Nach Hannibals Marsch über die Alpen, seinen Siegen in Italien und seinem Rückzug nach Karthago landet Scipio in Afrika. Als sein Gefolgsmann ist Fulvio Axilla dabei. Er hört, dass Cabiria nun Sklavin am Hof Sophonisbas ist. Fulvio sendet eine Nachricht an Maciste. Dieser kommt. Nach Scipios Sieg bei Zama befreien sie Cabiria. Der Film zeigt am Ende, wie Fulvio Axilla und Cabiria dem Sonnenuntergang entgegen reiten und Engel im Kreis um sie herumflattern.

Der Film hat ein politisches Ziel: 1911 war die Türkei in Tripolitania einmarschiert, das Teil der antiken karthagischen und römischen Herrschaftsgebiete war. Die Besetzung traditionell römischen Gebiets wird zum heimlichen Thema des Hannibalfilms. Der Film wurde auch Ausgangspunkt der vielen Maciste-Filme, Maciste wurde zum italienischen Pendant des Herkules.

- **Scipione l'Africano** (1937), Italien 1937, USA 21.9.1939; – *Produktion:* Consorzione Scipio l'Africano – *Regie:* Carmine Gallone – *Drehbuch:* Carmine Gallone, Camillo Mariani Dell'Aguillara – *Darsteller:* Annibale Ninchi: Publius Cornelius Scipio; Camillo Pilotto: Hannibal. – Auch: Scipio Africanus: The Defeat of Hannibal (USA, Videotitel); Scipio the African; The Defeat of Hannibal. – USA: 83 min / Italien: 117 min.

Dieser Film zeigt Humanität und strategische Klugheit Scipios des Älteren und fordert den Zuschauer auf, an die Größe Italiens als Nachfolgerin des antiken Imperium Romanum zu denken. Er ist im faschistischen Italien entstanden und 1937 erschienen (1939 in den USA). Er rechtfertigt Italiens Anspruch, früheren römischen Territorien italienische Zivilisation, Kultur, vor allem aber staatliche Ordnung zu bringen. 1935 hatte Italien den Krieg gegen Äthiopien geführt und Äthiopien zu Italienisch Ost-Afrika gemacht. 1939 ging es gegen Albanien vor.

Hannibal ist als Barbar gezeichnet. Der Film enthält großartige Reden an die Heere und Rededuelle vor der Schlacht von Zama, wie sie bei Polybios 15, 6–8 und 10–11 zu finden sind. Die Sequenz mit der Schlacht von Zama ist durch ihren grausamen Realismus, insbesondere bei der Darstellung der Elefanten und ihres Todes, berühmt geworden. Der Film endet mit der Rückkehr Scipios nach Rom, seinem triumphalen Einzug in die Stadt, seiner Aufforderung an das Volk, sich nun um den Aufbau Italiens und um Ackerbau zu bemühen.

• **Annibale**, Italien 1959, Hannibal, Deutschland 1960 – *Regisseure:* Carlo Ludovico Bragaglia / Edgar G. Ulmer – *Drehbuch:* Mortimer Braus, Sandro Continenza – *Darsteller:* Victor Mature: Hannibal. – *Auch:* Hannibal (USA); Hannibal (Österreich, Deutschland). Italien: 95 min / USA: 103 min.

Dieser Film wurde 13 Jahre nach dem Zweiten Weltkrieg, einige Jahre nach dem Koreakrieg produziert. Leiden in den Kriegen und Furcht vor neuen Kriegen bis hin zu einem Dritten Weltkrieg hatten zu einer antimilitaristischen Friedensbewegung in Europa und den USA geführt. Die riesige Menge an gelagerten Atomwaffen waren eine Bedrohung der ganzen Welt.

Der Film *Hannibal* stellt die Römer im Streit darüber dar, wie man Hannibal bekämpft. Einige der Römer im Film sind gutartig, aber die meisten sind voller Vorurteile und nennen natürlich Hannibal einen Barbaren. Auch der karthagische Senat unterstützt Hannibal nicht. Hannibal selbst ist manchmal der durchsetzungsfähige Stratege und Heerführer, manchmal der zivilisierte und humane Mann, der vergibt und andere Ansichten toleriert.

Im Film zeigt Hannibal, dass er sich bewusst ist, welchen Einfluss die Erziehung hat und dass er auf keinen Fall seinen Sohn durch Krieg und Lagerleben traumatisieren möchte, wie er es selbst erfahren musste.

Dennoch kann er nicht vermeiden, dass auch sein Sohn traumatisiert wird. Seine (erfundene) geschiedene Frau bringt seinen Sohn ins Lager. Als die Römer Hannibals Heerführer Hasdrubal gefangen haben, senden sie dessen Kopf in einem Sack in das Lager Hannibals. Alle eilen zu dem Fundort des Sackes, der Sack wird geöffnet und das Haupt Hasdrubals ist zu sehen. Leider ist der Sohn unbeaufsichtigt mitgekommen und sieht das Haupt. Er erschrickt und flieht in die Arme Hannibals. Aber das, wovor Hannibal gewarnt hat, ist eingetreten: erneut eine Traumatisierung eines Kindes im Krieg.

Anmerkung: Neue DVD-Fassungen zeigen auf dem Umschlag gern Terence Hill und Bud Spencer. Terence Hill spielt (unter seinem ursprünglichen Namen Mario Girotti) die Rolle eines jungen Römers, der die Römerin Sylvia liebt, die sich allerdings nach und nach in Hannibal verliebt. Bud Spencer (richtiger Name: Carlo Pedersoli) erscheint am Anfang in einer 30-Sekunden-Szene als rothaariger Keltenführer Rutario und spricht zwei Sätze.

Erwähnungen in anderen Filmen

• In dem Musical »Das Phantom der Oper« findet ziemlich am Anfang eine Probe zur Aufführung der Oper *Hannibal* eines von den Verfassern des

Musicals erfundenen Komponisten Chalumeau (was eigentlich ein Holz-blasinstrument ist) statt. Die Szene zeigt einen lächerlich wirkenden Hannibal, der vergeblich versucht, auf einen Elefanten zu steigen. Die Szene hat im Hintergrund das Fresco aus den Kapitolinischen Museen in Rom. Hannibal soll mit dem »Phantom der Oper« in Parallele gesetzt werden: Hannibal erhielt als Kind durch die frühe Teilnahme am Krieg eine seelische Verletzung, das Phantom der Oper wurde wegen seines missgestalteten Gesichts von den Eltern in den Katakomben der Oper eingesperrt.
- Der Namensvetter *Hannibal Lecter* wurde, so erfinden es der entsprechende Roman und der Film, so genannt, weil Journalisten über Dr. Lecter sagen: »Hannibal – the Cannibal. He killed as many people as Hannibal Romans.«

Dokumentar- oder Semidokumentarfilme

- Hannibal, GB 2006 (TV), deutscher Titel: Hannibal – Der Albtraum Roms, (Erstaufführung: 5.5.2006).
- Hannibal (1994), D 1994.
- Hannibal: The Man Who Hated Rome (2001) (TV), GB. – »Reenactment« (Dokumentation mit eingefügten Spielszenen)

Zeittafel: Die von Nepos dargestellte Zeit: 264–183

Jahr	Ereignis	Nepos	Livius
264–241	*Erster Punischer Krieg.*		ab Buch 21
247	Hamilcar übernimmt die Führung des karthagischen Heeres auf Sizilien. Geburt Hannibals.	*Hamilcar* 1,1	
244	Hamilcar besetzt den Berg Eryx.	*Hamilcar* 1,2	
240–238	Aufstand der karthagischen Söldner.		
237	Hannibals Schwur.	*Hannibal* 2,3–5	21,1
237	Hamilcar zieht mit Hannibal nach Spanien.	*Hannibal* 3,1–3	
229	Tod Hamilcars. Hasdrubal übernimmt den Oberbefehl in Spanien.	*Hamilcar* 3,3; *Hannibal* 3,1–2	21,1–2

Jahr	Ereignis	Nepos	Livius
226	»Ebro-Vertrag« zwischen Hasdrubal und den Römern.		
221	Ermordung Hasdrubals. Hannibal wird Oberbefehlshaber.	*Hamilcar* 3,3; 4,2; *Hannibal* 3,1	21,3–4
219	Hannibal erobert Sagunt.	*Hannibal* 3,2	21,7–15
	Hannibals Charakter.	*Hannibal* 1,1; 1,3; 2,5; 9,2; 13,1	21,4,5–12
218–201	*Zweiter Punischer Krieg.*		
	Vorbereitungen der Römer auf den Krieg.		21,16–17
218	Hannibal zieht von Spanien nach Italien und überquert die Rhône.	*Hannibal* 3,3–4; 4,1	21,21–24
218	Hannibal überschreitet die Alpen. Sieg der Karthager am Fluss Trebia.	*Hannibal* 3,4	22,2–7
217	Sieg Hannibals am Trasimenischen See über Flaminius.	*Hannibal* 4,3	22,2–7
217	Quintus Fabius Maximus wird zum Diktator gewählt. Seine zurückhaltende Kriegsführung in Italien.	*Hannibal* 5,1–2	22, 8 und 23–30
216	Gaius Terentius Varro und Lucius Aemilius Paulus Konsuln und Heerführer.	*Hannibal* 4,4	22,38–40
216	Vernichtende Niederlage der Römer bei Cannae.	*Hannibal* 4	22,40–49
	Capua fällt von Rom ab und verbündet sich mit Hannibal.	(*Hannibal* 5,1)	23,2–10
215	Philipp V. von Makedonien verbündet sich mit den Karthagern; Rom wendet sich gegen ihn und besiegt ihn schließlich.	(*Hannibal* 2,1)	23,33–34; 38–39; 24,40
211	Hannibal marschiert erfolglos nach Rom.	*Hannibal* 5,1	26,7–11

Jahr	Ereignis	Nepos	Livius
211	Capua wird von den Römern zurückerobert.		26,2–16
210	Scipio wird durch militärische Erfolge in Spanien und durch seine freundliche Behandlung von Geiseln berühmt.		26,41–51
209	Quintus Fabius Maximus Cunctator erobert Tarent zurück.	*Hannibal* 5,1	27,15–16
207	Weitere Siege der Römer. Hasdrubal fällt. Rückzug Hannibals ins italische Bruttierland, dann nach Karthago.		27,46–49
206	Scipio fährt nach Afrika. Bündnis mit Syphax, dem Herrscher des Nachbarlands von Karthago.	*Hannibal* 6,1	28,17–18
206	Scipio für 205 erneut zum Konsul gewählt.		28,38–39
204	Friedensschluss mit König Philipp V. von Makedonien.		29,12
204	König Syphax heiratet Sophonisba, Hasdrubals Tochter, und kündigt sein Bündnis mit Scipio.		29,23
204	Scipio landet mit einem Invasionsheer in Afrika.	*Hannibal* 6,1	29,24–27
204	Er findet in Masinissa einen Verbündeten.		29,28–29
204	Masinissas Leben und Person.		29,29–33
203	Syphax besiegt und gefangen. Masinissa heiratet Sophonisba. Sophonisba von Römern zum Selbstmord gezwungen.		30,11–15
203	Hannibals Bruder Mago wird in Italien schwer verwundet, er stirbt auf der Heimfahrt nach Karthago.	*Hannibal* 8,2	30,18–19

Jahr	Ereignis	Nepos	Livius
203	Auch Hannibals letzte Verbündete in Italien fallen von ihm ab; er wird nach Karthago zurückgerufen und landet schließlich dort.	*Hannibal* 7,4	30,19–20; 25
202	Scipio besiegt Hannibal bei Zama in Nordafrika.	*Hannibal* 6,3	30, 32–35
201	Verhandlungen und Friedensvertrag zwischen Rom und Karthago.	*Hannibal* 7,1	30,36–38; 43–44
	Rückkehr Scipios nach Rom und Triumphzug.		30,44–45
201–183	*Hannibal nach dem römisch-karthagischen Friedensvertrag.*	*Hannibal* 7–12	
196	Hannibal reformiert als »Suffet« die karthagischen Finanzen.	*Hannibal* 7,4–5	33,45–47
195	Auslieferungsverlangen der Römer.	*Hannibal* 7,6 und 9,1	27,45
195	Flucht Hannibals nach Kreta.	*Hannibal* 9	Plutarch, *Flaminius* 20
195	Hannibal flieht zu Antiochus III. von Syrien.	*Hannibal* 8,2–4	27,45;
191–190	Krieg der Römer mit Antiochus III.	*Hannibal* 8,4	38,12–24
189	Hannibal flieht zu Prusias nach Bithynien.	*Hannibal* 10	37,25
185	Kriegslist Hannibals gegen Eumenes.	*Hannibal* 10,4–11,7	Iustinus 32,4,6 f.; Frontinus 4,7,10 f.
183	Von den Römern verfolgt, begeht Hannibal Selbstmord.	*Hannibal* 12	39,51,2 f.; 56,7;